サバイバル技術で楽しむ
新しいキャンプスタイル

# BUSHCRAFT MANUAL

# ブッシュクラフト
## ―大人の野遊びマニュアル

一般社団法人
危機管理リーダー教育協会
川口 拓

誠文堂新光社

焚き火を前に、ナイフを使って工作を楽しむ。リラックスしていると、時間の流れが緩やかに感じられる

上／今夜の焚き火のための薪を集める。できるだけたっぷりと集めておいて、ゆっくりと炎を楽しむのだ。
下／焚き付けは、枯れて乾燥したスギの葉。しっかりと準備をすればマッチ一本で着火できる

上／ナイフは、森での暮らしを豊かにしてくれる大切な道具だ。　下／焚き火の奥に丸太を積み上げてファイヤーリフレクターを作った。こうすることで、焚き火の熱を無駄なく体に受けることができるのだ

木と木の間に吊ったハンモックで眠るというのも選択肢のひとつ。ゆらゆらと揺れる独特の浮遊感がたまらない

クッカーを焚き火にかけるためには、少し工夫が必要だ。こうしたハンガーも、枝を使って自作する

上／炭火の上に直接肉を置いてステーキを焼く。こんなワイルドな調理法もある。　下／食料にする野草を集める。どこにでもある野草だが、その素晴らしさを知れば草原が宝箱のように見えるようになる

上／集めた薪は、太さごとに分けて整理しておく。焚き火で失敗しないために必要な作業だ。
下／枝と落ち葉を使ってシェルターを作る。冬の乾燥した落ち葉は、このうえなく暖かい布団になる

メタルマッチという道具で、火花を散らして着火。マッチやライターがなくても火を起こせる技術も必要だ

ナタやアックスといった刃物も大いに役立つ。こうした道具は、使い込むほどに手に馴染み愛着も増していく

上／光と熱、そして癒やしを与えてくれる炎は、ブッシュクラフトではなくてはならないものである。
下／枝と落ち葉で作った指掛け式のシェルター。こうした技術はサバイバルにも役立つ

# はじめに

いつもの行きつけのキャンプ場は、自然林に接している、本当に整地されただけのような場所。売店や電源など、便利なものは付随していないし、必要以上の手入れもされていない。手軽にファミリーキャンプを楽しむような場合には少し不便かもしれないけれども、手付かずの自然を身近に感じられる場所ではある。きっとこんな場所こそブッシュクラフトに向いているのだと思う。

車を止めて、バックパックを背負う。昨夜、今日からの二日間の行動を思い浮かべ、ワクワクしながら準備した装備が入っている。この二日間は、サバイバル的なトレーニングではなく、あくまでも「楽しむ」のが目的なので、「ナイフ一本だけ」ではなく、シェルター用のタープやロープ、ブランケット、マッチ、コッヘルなどの装備が入っている。でも、オートキャンプで使うようなテントや寝袋、マット、フォールディングチェアなどは入っていない。だからといってそれらを持っていかないことで、不便、不快な思い、我慢をしに行くというわけではない。装備が少ない分、それらを自分で作ったりしながら、技能やテクニックでカバーするのである。

バックパックを背負って数分の場所で目的のサイトに到着。かといって次に車に戻るのは、緊急時を除いては、明日の帰宅時。時に少し長い時間をかけて奥地に入っていくこともあれば、この日のように車を止めた数百メートルの場所でブッシュクラフトを楽しむことも多い。その分ゆっくりとシェルターや焚き火の技術を練習したり、楽しむことができるので、個人的には、こんな手軽なロケーション選びが大好きである。

先ずはシェルターを設置する。行楽シーズンの過ぎた平日のサイトには誰もいない。シェルターのロケーションは選び放題だけれども、ロープやタープを使って作るオープンシェルターは、場所選びにも少し気を使わなくてはいけない。風当たりや風向き、太陽の動き、柱となる木の場所など、多分テントを設営する際よりも、より詳細にそれらを見たり、感じたりしなくてはならない。でもそれは面倒なことでも何でもなく、格好良くいうと、「自然との対話」なのだと思う。

風、地面の湿気、木の生え方など、自分を囲む「自然」をきめ細かく感じようとすると、自分の体内時計みたいなものがゆっくりになってくる。それに伴って、自分の行動、考えるスピードまでゆったりしてくる。きっとこれが自然のリズムなのだろう。そのリズムに乗って、丁寧に全ての作業をすすめていくと、怪我などをする前に、危険を察知しやすくなる気がする。とにかく日が暮れるまでにシェルターを設置して、焚き火をし、飯を食うだけ。時間はたっぷりある。急ぐ必要がないという贅沢さをたっぷり楽しむ。

この時期、まだ夜は冷えるので、この日のシェルターは、左右と背後、3方向に壁を設けるタイプに決定。それに必要な支柱を探しにいく。隣接している森に入り、道なき道を進んでいくけれども、目的地があるわけではない。支柱に適した枯れ枝を捜しながら、何歩か歩いてはあたりを見回す。それを繰り返して奥に入っていくと、必然的に自分の位置も確認する事になるので、道に迷うことも少ないのだ。

目的の支柱を見つけ、サイトに戻り、シェルターを設営する。天候も安定していそうだし、時間もあるので、今日は時間を気にせず、贅沢なシェルターを丁寧に作ろうと思う。支柱の長さを調整したり、先を滑らかに削ったりするので、自然とナイフを多用する。今日はあえてナタなどの大型刃物やノコギリを持ってきていない。その分、扱える材の太さや大きさも制限されるが、同時にナイフの様々な使い方の練習になる。時間はかかるけれども、ナイフ一本で太い木を切断することも可能だ。ここでもゆっくりと、丁寧に、疲れないように作業をする。

シェルターができあがってとりあえず一息。次は薪を集めにいく。一晩持つような焚き火には、ある程度大型の薪が必要になる。下に落ちている枯れ枝を集めるのはもちろんだけれども、狙いは立ち枯れしている木。今回見つけた二本の立ち枯れ木は、道具を使わず、押し倒すことができた。

木の二股などに挟み込んで、テコの要領で薪を短くしていく。折れない大きなものは、端を燃やしながら送っていく。

火床を掘り、差掛け型に薪を組み、普通のマッチで着火。今日は一本で成功。気分によってメタルマッチを使うこともある。使い慣れたポットを出して、コーヒーを沸かす。薪を集めてくる時に、お茶用にと思い、松の葉も採ってきたけれども、これは夜にとっておこうと思う。

焚き火を見ながら、コーヒーを飲む。日常生活の中でのコーヒーは、何となく「コーヒーでも飲みながら……」という、脇役的な存在に感じられることもあるけれども、焚き火を見ながらのコーヒーは、主役以外の何でもない。とにかくコーヒーを飲むという行為に、自分の全てを投入できるような感じ。当然とてもおいしいわけだが、まったく高級なコーヒーではない。同じ理由でカップラーメンさえも、とてもおいしい。焚き火にはそういう不思議な力がある気がする。

太陽の傾き具合や、天気の感じをじっくりと見て、このあとはとりあえずベッドを作ろうと決める。

時計や携帯電話はなるべく見ないようにする。そのあとはポットハンガーを作って、夕食の準備をゆっくりとしようと思う。イメージ的には、日が暮れる直前くらいに夕食ができあがって、夜の焚き火を楽しみながらゆっくりと食事。落ち着いたら食器洗いついでに松の葉のお茶を淹れて飲む。食器やポットは、採ってきた抗菌作用のある野草の葉をスポンジ代わりにして洗うので、恐らく用を足す以外、シェルターを離れる必要はない。この後は焚き火の明かりだけで済む作業ばかりなので、もしかしたら持参したライトも一度も使う事なく済んでしまうかもしれない。

焚き火を眺めながら、ボーっと過ごしていると、段々眠くなってくる。夜、電気を点けてテレビを見るライフスタイルもしっかり楽しんでいるけれども、こういうときには、毎晩こんな感じならいいのにと思う。自然のリズムにすべてを任せて、自然が寝ろという時に眠る。そして明日の朝は、日の出の時間に目が覚めるだろう。こんな生活を毎日続けていたら、きっとすごく健康になるのではないか。

自然と一体になる方法はたくさんあるけれども、ブッシュクラフトほど自然に、楽しく、遊びながらそれを実現できる行為はないのではないかと思う。この本をご覧になって、本当に気軽に、気負うことなく、ぜひ自然にブッシュクラフトを始めて頂きたい。ただし、野営、焚き火をするときだけでなく、植物や魚などを採取する場合にも、必ずその行為が許可されている場所かどうかを確認してもらいたい。ひとりひとりがマナーを守ることでブッシュクラフトが認知され、よりたくさんの方にこの遊びの魅力を理解してもらえると思っている。

川口 拓

# CONTENTS

CHAPTER 4

CHAPTER 5

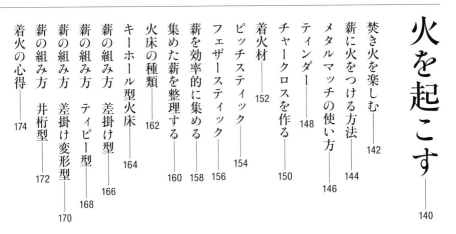

# 火を起こす——140



CHAPTER 6

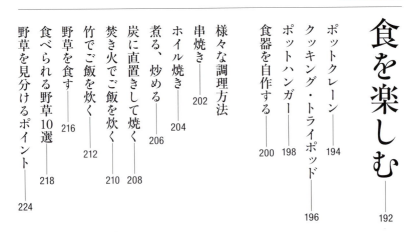

# 食を楽しむ——192

CHAPTER 7

# 自然が教えてくれること——226

CHAPTER 1

# ブッシュクラフトとは?

## Introduction

# ブッシュクラフトの楽しみ方

## 自然により近いキャンプスタイル

ブッシュクラフトという言葉はいろいろな人によっていろいろな定義がなされていて、正直私も何が正しいのかはわからない。しかし、個人的にはブッシュクラフトというものをこう理解している。

ブッシュクラフトを訳すとすると、森で生き抜く技術とでもすればいいのだろうか。そもそも、ブッシュクラフトに必要な技術自体は、アウトドアのサバイバル技術に近いものである。だが、サバイバルといってしまうと、生き残るという意味合いが強くなり、どうしても辛い状況や命に関わる危機的な環境を思い浮かべてしまう。するとそれは趣味として楽しむものではなくなってしまうのだ。

しかし、一方で木を使ってシェルターを作ってみたり、原始的な方法で火を起こしてみたりといったサバイバル技術の中には、実は楽しさという要素がふんだんに含まれている。この楽しい部分に注目し、サバイバル術を遊びとして楽しむのがブッシュクラフトなのではないだろうか。

自然の中で過ごすという意味では、キャンプとも似ているかもしれない。だが、最新の道具を使って自然の中に快適な空間を作り出す一般的なキャンプに対して、可能な限り使う道具を少なくし、素材も現地で調達するブッシュクラフトは、より自然に深く親しめる遊びだ。当然、その分個人のアウトドア技術や状況に合わせた工夫が必要になってくるわけだが、そうした技術や適応能力の習得もまた楽しさのうちである。

森の中で道具に頼らず、自分だけの力で過ごす一日は、大きな自信と喜びを与えてくれる。そしてそれこそが、ブッシュクラフトの醍醐味なのである。

サバイバル技術を遊びとして楽しむのがブッシュクラフト。私は、自然との距離をできるだけなくしたいと思っている

# ブッシュクラフトにおける優先順位

## シェルター→水→火→食という考え方

ブッシュクラフトで必要な技術は、4つに分類できる。すなわち、シェルターを作る技術、水を確保する技術、火に関連する技術、食に関する技術である。これらはサバイバルな状況に陥ったときに必要になる技術でもあり、シェルター、水、火、食という順番は、そのまま確保すべき優先順位を表していることを覚えておきたい。

まず最優先すべきなのが、シェルターの確保だ。シェルターの最も大きな役割は、生き延びるのに大切な、体温を守るということである。体温を守るというと、火で暖をとるというイメージがあるかもしれないが、まず考えるべきは、外からの熱を得ることよりも、もとからある自分の体温を外に逃がさないことである。

そして次に水。水よりシェルターが優先されるのが意外かもしれないが、人間が水を飲まずに生きられる時間はおよそ72時間といわれているのに対し、体温は夏でも身体が濡れて風が吹いたりすれば、わずか数時間で命を落とす、もしくは死を待つだけの状態に陥る。もちろん、そうならずに済むケースも多いのだが、優先順位というのは気持ちを向けなければいけない順番のこと。まずは体温の確保を心掛けるのである。

そして火。火があれば、そのままでは食べられないものも調理して食べられるようになる。さらに、灯りとして利用できたり、殺菌することができたり、心にエネルギーをくれたりと、大いに役立つものである。

その次が食だ。実は、人間は食物がなくても3週間から30日は生き延びることができる。それだけ時間に余裕があるため、優先順位としては最後になる。

## WATAR

水は人の体になくてはならないもの。無駄に汗をかいて水分を体から失わないことも大切だ

## SHELTER

最優先すべきは、体温を守ること。そのために必要になるのがシェルターだ

## FOODS

人は食物がなくてもある程度は生き延びることができる。よって優先順位としては最後になる

## FIRE

光と熱をあたえてくれるのが炎。心に癒しを与えてくれるという大きな効果もある

# どこで楽しむか

## 最初は身近な里山でOK

私は、遠出をせず、車がすぐ近くに止められるような近所の山や川原、キャンプ場などでブッシュクラフトを楽しむことが多い。

その利点は、安全面である。もちろん山奥であれば人がおらず、景色も美しく、現実離れした世界に浸ることができるだろうが、ブッシュクラフトというのはサバイバル技術の練習の場でもある。もし何かに失敗してしまえば、命にかかわることもあるかもしれない。そういう時に、近くにすぐ逃げ込める車があるというのは大きな安心材料になる。

特に、これから始めるという人なら、まずは近くの公園や川原などでやってみるのがいいだろう。焚き火ができない場所も多いだろうが、タープを張る練習をしたり、アウトドア用の小さなガスバーナーを持って行って料理の練習をしたりするだけでもいいだろう。山奥に入らずとも、気軽に楽しむことができるのがブッシュクラフトのよさなのである。

実は、私は遠くまで行かなくてはならないと考えただけで、急に何もかもが面倒になってしまうという、いわゆる腰が重いタイプである。だが、アメリカのサバイバルスクールの先生から、サバイバルのトレーニングこそ、安全な環境を作ってやるべきであると教わり、とても気が楽になった。ネイティブアメリカンの教えでは自然を区別してはならないことになっている。山奥から見える空も、都会から見える空も同じ自然であり、大切なのはその美しさを感じられるかどうかなのである。

皆さんの中にも、私のように腰が重いタイプがいると思うが、気張りすぎず、身近な場所でブッシュクラフトを楽しんでほしい。

ブッシュクラフトというと山奥にいかなければならないイメージがあるかもしれないが、裏山でも十分楽しめる

# いつ楽しむか

## 季節によって違う楽しみ方

ブッシュクラフトにシーズンはない。自然の中で楽しむ遊びなだけに、春夏秋冬の魅力を直接体で感じることができるのが、ブッシュクラフトの醍醐味である。しかし、そのためには、それぞれの季節の不便さを少しだけ和らげてあげる必要がある。ここでは、その工夫のいくつかを、シェルターを例に説明してみよう。

まず夏。夏のシェルターに求められるのは、例えば、強い日差しを遮蔽する構造だ。そして暑さを防ぐために、ある程度の風通しの良さもほしい。となると高床式というか、座面や寝床が地面に接していないシェルターが活躍する。Aフレーム式の床が浮いたベッドなどを作るととても快適に過ごせる。また、私は最高の虫除けは焚き火の煙だと実感しているのだが、地面に直接座ったり寝たりすると、足元に煙が当たりにくく、虫除けの効果も得にくくなってしまう。高床式なら煙がかかるので、その点もメリットといえよう。

一方、冬は寒さを防ぐために、なるべく風が通らないような構造にしたい。また、焚き火を熱源として効率良く使うための工夫も必要になる。熱を反射させて自分の方に集めるリフレクターなんていう道具を素早く作ることができれば最高だ。また、冬はカラカラに乾いた落ち葉がたっぷりとある季節でもある。この落ち葉をうまく利用すると、布団のようにフカフカで暖かい気持ちのよいシェルターができあがる。

そんな風に、季節ごとに何が必要なのかを考え、それに自分の技術と知識をうまく合わせていくというのもまた楽しい作業。季節ごとに違った楽しみ方ができるのがブッシュクラフトなのだ。

冬には冬の、夏には夏の
楽しさがある。季節によって違う楽しみ方ができるのも、ブッシュクラフトのよさである

# 計画を立てる

## 3日間の予定を立ててみよう

限られた時間を有効に楽しもうと思うなら、ある程度の計画を立てていくというのもいいだろう。ここでは、行程を3日間と仮定し、ブッシュクラフトの初心者向けにどのように過ごすかというスケジュールを考えてみよう。

まず1日目。この日は移動があるため、最も時間がない日だろう。とすると、ある程度文明の利器の力を借りてしまってはどうだろう。例えば、テント泊にして到着したら素早く設営してしまい、コンパクトなアウトドア用のガスストーブで料理をする。焚き火は最小限のものにして、寝袋を使って寝る。それで構わないと思う。

そして2日目。この日はゆっくりとブッシュクラフトを楽しもう。初心者であれば、タープを使ってきれいにシェルターを作る練習を繰り返したい。また、焚き火の練習も楽しいだろう。石や太い枝をゴトクにしてちょっと凝った焚き火料理を楽しんではどうだろう。

きっとそれだけでも1日はあっという間に過ぎてしまうはずだ。だが、技術の習得のためには、ひとつの作業に多くの時間を割くというのは大切なことである。

そして3日目。この日は野草を摘んだり、釣りをしたりして食料も現地調達するなど、もっと深くブッシュクラフトを楽しむ。

このように、1日ごとに使う道具の量を減らしていくのだ。自信がついたら、次は最初からテント無しにするなど徐々にレベルアップしていけばいいだろう。

また、反対に技術の習得を目的としないスケジュールがあってもいいと思う。手間がかからないシェルターにして、おいしいものを食べてのんびりする。それもまた素敵な楽しみ方だ。

# ブッシュクラフトで使う素材

## 自然界には役立つものがたくさん

ブッシュクラフトは、自然界にある様々なものを利用させてもらい楽しむ遊びである。もちろん、素材を購入したり、自宅から持っていったりしてもいいのだが、その割合はなるべく少なくしたほうが得られる満足感も大きくなる。

最も多く使う素材といえば、やはり木である。シェルターやリフレクターなど、物作りの素材として、そして焚き火をするときには燃料としても、木はなくてはならない素材。木がなくてはブッシュクラフトは成り立たないといってもいいくらいだろう。

また、木の一種だが日本に多い竹も大いに役立つ素材だ。竹は、中が空洞になっているので、ちょっと手を加えるだけで器として使えるようになるし、直接火にかけることもできる。

植物のツルは、天然のロープとして使える。タープを張るときなど、全てをこれだけで済ませるのはさすがに難しいが、木と木をつなぎ合わせたりするだけなら、十分事足りる。1本だけでは頼りないようなら、何本か同時に巻いたり、何回も巻きつけたりすることで強度を高めることができる。

前述したが、木の葉を使うことも多い。ただ、夏の落ち葉は腐りかけて湿っているし、虫がいることも多いので、お勧めは冬の落ち葉だ。シェルターの屋根材として使えば雨も防げるし、たくさん集めてならせばフカフカのベッドにもなる。また、寒いときには洋服の中に詰め込めば、抜群の保温能力を発揮するのだ。

そのほか、石や土など、工夫次第で役立つ材料になるものが、自然の中にはたくさんある。その恵みに感謝しながら、ブッシュクラフトを楽しみたい。

**木**

ブッシュクラフトには欠かせない素材。工作の素材にも燃料にもなるなど、あらゆる場面で役立つ

**木のツル**

ロープやパラシュートコードの代わりとして、木と木を結んだりするときに使える

**竹**

中が空洞なので、簡単な加工をするだけでコップを作れる優秀な素材。直接火にかけることもできる

**石や岩**

火床作りに役立つ。また、重しにしたり、熱してフライパン代わりにしたりと、活躍する場面は多い

**土やコケ**

すき間を埋めたりするときに使う。コケは断熱材としてシェルターづくりにも役立つ

**木の葉**

秋から春にかけて限定だが、着火材として、またシェルターの断熱材としてなど、使い道は多い

CHAPTER 2

# 道具を選ぶ

Gear

# 持っていく道具

## 状況とスキルに合わせて道具を選ぶ

持っていく道具を選ぶに際しては、シェルター、水、火、食という4つの分類を思い出して欲しい。ブッシュクラフトに出掛ける際には、これら4つの要素をカバーするものを、1種類ずつでも必ず持って行くようにするといいだろう。

最も簡単な例でいくと、シェルターとしてテントとマットと寝袋、水として市販の飲料水や水道水、火としてアウトドア用のガスストーブ、食としてドライフードと湯を沸かすためのクッカー類、これらがあれば、とりあえずは安心して過ごすことができる。

そして、何回かテント泊をしてみて自信がついてきたら、テントをやめてタープとロープによるシェルターにしてみるとか、ガスストーブを持っていくのをやめて焚き火で料理をしてみるとか、現地で食料を調達してみるとか、必要となる道具を足したり引いたりしていけばいい。少しずつでもレベルアップしていくと、技能で道具の少なさをカバーできるようになるので、持って行く道具は自然と少なくなっていく。

ブッシュクラフトでは、道具が少なくなればなるほど、荷物が小さくなればなるほど、大きな満足感が得られるものだ。そのため、かさばる寝袋をやめてブランケット1枚でいってみようとか、水も現地の水だけで過ごしてみようとか、上級を目指すと荷物が少なくなっていく傾向がある。

どうしたら荷物を少なくできるかというところで道具の選び方も変わるし、道具のパッキングや整理の仕方も変わる。ユーチューブなどを見ると多くの人がそのためのアイデアを披露し合っているが、それを考えるのもまたブッシュクラフトの楽しさなのである。

私は、バックパックのファスナーの引き手を常に中央にそろえている。暗闇でも手探りで素早く開けられるようにだ

## 装備の一例

### 基本の道具
- □ナイフ
- □ナタ
- □ノコギリ
- □パラコード

### シェルター関連の道具
- □マット
- □タープ
- □夏用シュラフ
- □蚊帳
- □ハンモック

### 水の道具
- □ウォーターボトル
- □浄水器

### 火の道具
- □メタルマッチ
- □ライター
- □マッチ
- □着火材
- □ネイチャーストーブ

### 食の道具
- □コッヘル
- □マグカップ
- □食料
- □調味料
- □コーヒー
- □カトラリー

### その他
- □地図
- □コンパス
- □ヘッドライト
- □折り畳みスコップ
- □シャープナー
- □作業用グローブ
- □着替え
- □歯ブラシ
- □長靴
- □釣り道具

### 予備の道具
- □テント
- □ガスバーナー
- □エマージェンシーキット
- □雨具

装備は少ないほどいいのかもしれないが、自分のスキルやスタイルに合わせて選べばいい。登山用の、いわゆるウルトラライト系の道具を選べば、より軽量でコンパクトに荷物をまとめることもできる

# ブッシュクラフトで使うナイフ

## これだけは必ず持って森に入る

本体

シース（鞘）

ブッシュクラフトでなくてはならない道具がナイフである。ナイフがなくても過ごすことはできるのだが、ナイフがあるだけで森での楽しみが倍増するのだ。

ブッシュクラフトで使うナイフに求められる要素のひとつは、頑丈さだろう。細かい作業だけでなく、刃を叩きつけるようにして枝を切ったり、バトニングといって刃の背を枝で叩いたりするなど、ハードな使い方もする。それゆえすぐ刃が欠けたり、壊れたりしないナイフが望ましい。折り畳めるフォールディングナイフや、マルチツールは、持ち運びに便利ではあるが、それのみでブッシュクラ

フトをするのは少し寂しいかもしれない。

では何を選ぶのかだが、現在ではブッシュクラフト用といわれるナイフが多く販売されているので、それを選べば大抵は問題ないと思う。ちなみに、私がスクールでもすすめているのが、スウェーデンのモーラというナイフメーカーから発売されている、コンパニオンというモデル。同社からはブッシュクラフト用のモデルも発売されているが、コンパニオンでもナイフとしての性能は申し分なく、ブッシュクラフトでは定番とされている。何より価格が3000円もしないくらいで安価なのが嬉しい。正直、ナイフを雑に扱うことも多いブッシュクラフトだが、これなら気兼ねなく使うことができる。

# ナイフの基礎知識

## 様々な素材、形状、用途から選ぶ

ここでは簡単にナイフについて説明しよう。ナイフにも色々なタイプがあるが、前述したように、ブッシュクラフトで求められるナイフに最適なのは頑丈なナイフ、つまり、刃とハンドルが一体になっているシースナイフといわれるものだ。フォールディングナイフやマルチツールも、サブとして持っておくといいだろう。

刃の素材や形状も様々で、左ページで解説しているのはそのうちの一部分でしかない。ナイフの世界は奥深いものなので、これに凝るというのもまたいいだろう。

### ナイフの種類

**シースナイフ**

手で握るハンドルの部分と刃の部分が固定されて一体化しているタイプ。プラスチックや革で作られるシース（鞘）に収納して持ち運ぶ

**マルチツール**

ナイフだけでなく、ドライバーやヤスリ、カン切りなど、色々な道具がひとつになっている便利な道具。ひとつ持っておくと安心だ

**フォールディングナイフ**

刃が可動式で、ハンドルの中に折り畳めるようになっている。安全のために、刃を出したときはロックされる構造になっている物がよい

## サイズ

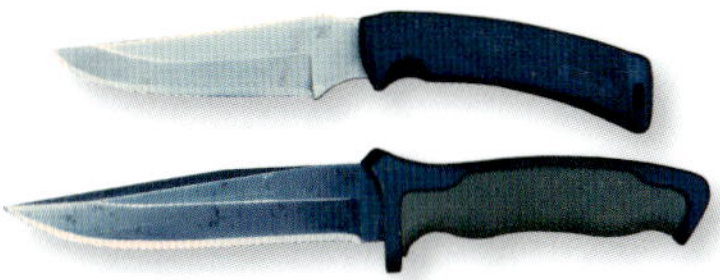

刃渡り数センチで、折り畳んでポケットに入るようなものから、ナタのように数十センチあるものまで、サイズは色々。基本的には作業できる細かさや強度にサイズが比例するので、目的に合わせて選ぶ。サイズ別に数種類そろえると便利だ

## おもな素材

### 炭素鋼

鉄と少量の炭素の合金。カーボンスチールともいわれる。刃物の素材として古くから用いられている素材で、硬度が高い上に粘りがあって欠けにくく、切れ味が鋭いという長所がある。しかし、錆には弱く、メンテナンスに気を使う必要がある

### ステンレス

鉄と炭素にモリブデン、タングステンなどを加えた合金。ある程度の硬度と粘りがあり、錆にも強いことから、刃物の素材として現在最も多く使われている。同じステンレスでも、ATS-34、SUS440C などいくつもの種類がある

## 刃先の形状

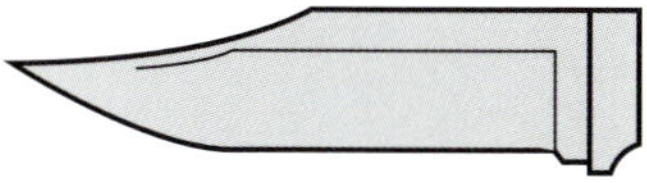

### クリップポイント

刃の背の途中から先にかけて湾曲した形状で、刺したり細かい作業をしたりするのに最適。強度はやや低い

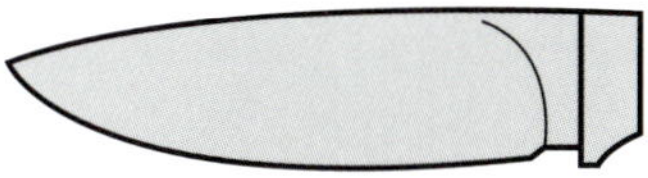

### ドロップポイント

切ることだけでなく獲物の皮を剥ぐことも考えられた形状で、刃の背から先にかけて緩やかに下がっていく

### ユーティリティポイント

色々な用途を想定した形状で、刃の背から先まで緩やかにカーブしている。汎用性が高く最初の一本に最適

## グラインド

### フラットグラインド

刃の断面が V 字型で、真っすぐに仕上げてあるもの。もっとも一般的な形状で、研ぎやすい

### ホローグラインド

刃の断面を内側にえぐった形状。切れ味はいいが、フラットグラインドに比べて強度は下がる

### コンベックスグラインド

両側が膨らんだ形状からハマグリ刃ともいわれる。アックスでよく用いられる形状で、強度が高い

# どんなナイフを使うか

## ナイフを使い分ける

どんな刃物を持っていくかは、最終的に好みでしかないのだが、一例を紹介しょう。

例えば、刃渡り10㎝程度の片手で扱えるナイフ、そして大きなアックス、そしてその中間ぐらいの刃物という3種類を作業ごとに使い分ける。

ブッシュクラフトで扱う素材というとほとんどが木だが、基本的にブレードが大きいほど扱える木のボリュームも大きくなる。小さなナイフなら細い枝がメインになるが、例えばアックスやナタのような大型刃物があれば、丸太のようなものも扱えるようになる。

北欧のブッシュクラフターたちは、腰にアックスをぶら下げていることが多い。というのも、雪が積もっていたりすると枝が拾えないため、シェルター作りのために針葉樹を伐り倒すケースがあるからだ。そんな場合はナイフ一本ではかなり厳しいだろう。

一方、気候が温暖で、それほどデラックスなシェルターを作らないという場合なら、ナイフ一本でも十分楽しむことができる。自分の技術を高めるためには、ナイフ一本ですべてをこなすというのが一番だし、難しいがうまく使えば太めの木も伐れたり、太い薪を扱うこともできる。

ありがたいことに、日本には、そのどちらも楽しめる豊かな環境がある。その時々で、自分が習得したい技術に合わせて持っていく刃物を選べばいいだろう。

ちなみに、私の場合、中間ぐらいのサイズの刃物として、剣ナタを持っていくことが多い。日本古来の刃物である剣ナタは、大雑把な作業から細かい作業までこなすことができる、素晴らしい刃物。一本あるととても重宝する。

ナイフはシンプルな道具だが、使えばそれぞれ個性があることがわかる。数あるナイフから、自分に合う一本を探そう

# ナイフの扱い方

## 安全で正しい持ち方を知る

当然だが、ナイフは使い方によって大きなケガをする可能性もある道具である。作業するにあたって、正しい持ち方を覚えておきたい。また、持ち方のバリエーションを覚えておくと、作業効率がグッと高まるだろう。

まずは基本となるレギュラーグリップを覚えよう。ナイフを持つ反対側の手も使えるようになると、繊細な作業もしやすくなるはずだ。また、ちょっと変則的な使い方なのかもしれないが、ハンドルの後方を持ち、手首のスナップを効かせて木に叩きつけるという方法も便利なので覚えておきたい。

それから、安全のために気をつけることもここで述べておこう。

まず覚えておいてほしいのは、作業する時以外は常にシースに収納しておくということ。長時間の移動時はもちろんだが、作業と作業のちょっとした合間にもシースに収める癖をつけるべきである。わずか数歩の移動でも、つまづいて持っていたナイフで自分の体を傷つけてしまうという事故が実際に起きているので、これは絶対に気をつけていただきたい。

また、刃物は人に近づけない、刃物を持っている人に近づかないというのが鉄則。自分が持つ刃物を人に向けないというのは当たり前だが、相手が刃物を持っているときにも注意が必要だ。例えば、作業に夢中になっている人に後ろから声をかけたりすると、振り向きざまに誤って刺されてしまうことも考えられる。

よくいわれていることだが、刃物の切れ味も重要だ。切れない刃物は無駄な力が入りやすく、ケガもしやすい。常にメンテナンスをして、切れ味を保つということは、安全面からも大切なことである。

**親指を添える**

レギュラーグリップの変形で、刃の背に親指を添える。反対の手の親指で押すと力の加減がしやすい

**基本のレギュラーグリップ**

枝を削り落としたり、外側を削ったりするときに使う基本の持ち方。力が入りやすい

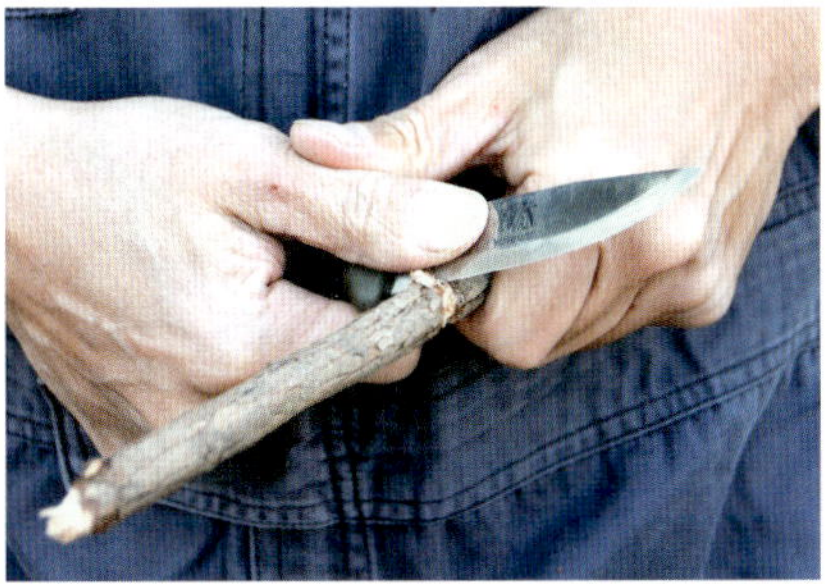

**握る角度を変える**

上で紹介する持ち方に似ているが、歯に角度をつけて握る。枝を深くえぐったりするときに便利だ

**刃を上に向けて持つ**

あまり使わないが、ロープを切る時などに用いる。刃が自分の方に向くので注意する

**ハンドルの後方を持つ**

ハンドルの後ろを持ち、遠心力を効かせるようにして叩きつける。アックスやナタがないときに役立つ

**細かい作業用のグリップ**

力を必要としない、細かい作業向きの握り。刃先を使ったり、刃を上から押し付けるようにする

# ナイフでできること

## 使いこなせば最強の味方になる

使う人の工夫次第で、いろいろな作業ができるのがナイフの魅力だ。枝を少しずつ削っていき、細くしたり尖らせることもできるし、P・52でも解説するように、木の枝で上から叩いて違う木を割ることもできる。また、刃が欠けないように注意する必要はあるが、キリのように刃先を回しながら押し当て、木に穴を開けたりすることもできる。

こうした技術を身につけるのは、決して難しいことではない。ナイフを積極的に使っていれば、自然とできるようになるものだ。

ナイフを使う練習として私がよくすすめるのが、タープ張りに使うペグ（杭）を作ることだ。地面に刺せるように先を尖らせ、ロープが滑らないように刻みを入れるというシンプルな作業だが、ナイフに慣れるには最適なのだ。

まず枝を体の中心で固定し、刃の根元から刃先まで滑らせるようにして荒削りする。一箇所につき3〜4回で終えられるといいだろう。それで一周荒削りをし終えたら、最後はナイフを持つ反対の手の親指で押し出すようにして薄く表面を削るようにして仕上げる。

**切る**

切るという作業ひとつとっても、刃を押しあてるだけなく、叩きつけて切ることもできる

### 穴を開ける

刃先の尖っている部分を押しあててグリグリと回転させることで、キリのように穴が開けられる

### 削ぐ

木を少しずつ削り落とすことで、丸い棒を作ったり、逆に四角い柱のようにも加工できる

### こじる

刃先を木に押し刺して左右にこじるようにすると、少しずつ割り裂くことができる

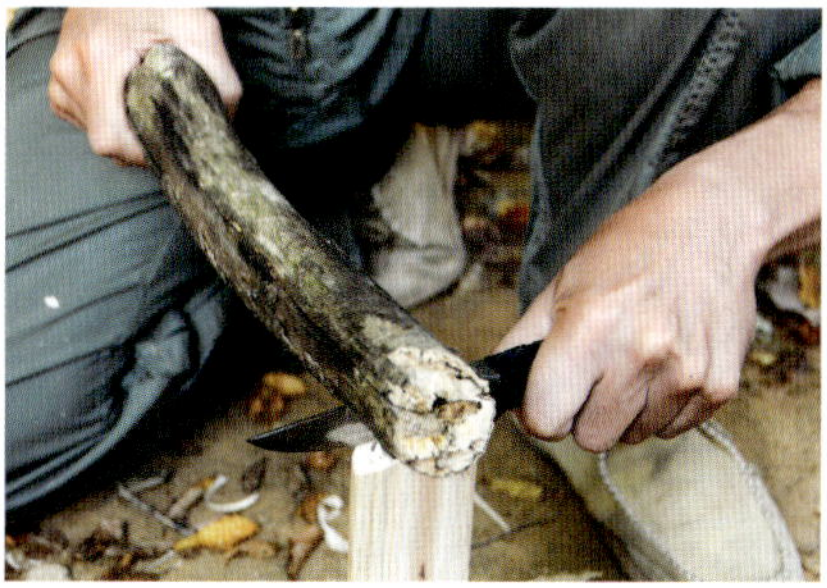

### 割る

ナタやアックスにはかなわないが、対象物に叩きつけて割り割くように使うこともできる

## LET'S MAKE | 作ってみよう

### まずはペグを作ってみよう

まず30㎝程度の枝の一端をナイフで真っ平らに削り、縁を削り落として面取りする。これは石などで叩いたときに確実に力が伝わるようにするためだ。そして、地面に刺すもう一端は尖らせる。このとき、先端が必ず円の中心部分にくるようにすることが大切だ。そして、引っ掛けるロープなどが滑らないように刻みを入れる。P.50で解説しているような、ラッチノッチやVノッチが最適だ。

# ナイフを使いこなす

## 知っておくと役立つ使い方

ここでは、ナイフを使いこなすために覚えておきたい技と、安全に使うための注意を紹介したい。

まず、同じ長さの枝が何本も欲しいときに、任意の場所で枝を折るための技だ。といっても別に難しいことではなく、折りたい部分に一周深めにナイフで切り込みを入れてから、膝に押しあてて折るだけ。すると、切れ込みを入れた部分から折れてくれる。

また、不必要な枝を落とす枝払いをするときは、根元側を上に向けて置いて、上からナイフを振り下ろすようにして切ると簡単だ。このとき、枝を支える手が枝の下側にあると、振り下ろしたナイフが当たる可能性があるので、必ず枝の上端に添えるようにしよう。

刃が動く延長線上に体を置かないというのは、ナイフを使うときの鉄則だ。勢い余って自分の体を傷つけないように、細心の注意を払うべきである。

また、持ち運びするときには、シースの取り付け位置にも注意したい。転倒したときにハンドルが脇腹に当たる位置にシースがあると、肋骨に当たって骨折してしまう危険もある。

### 任意の場所で枝を折る

切れ込みを入れた部分を膝に当て、枝を持った両手を手前に引くと、そこから折れる

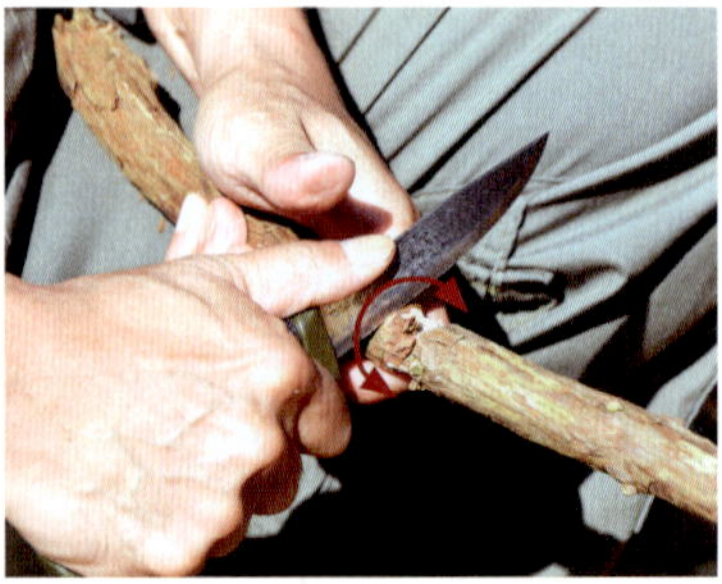

折りたい部分をえぐるようにして、ぐるりと一周切れ込みを入れる。

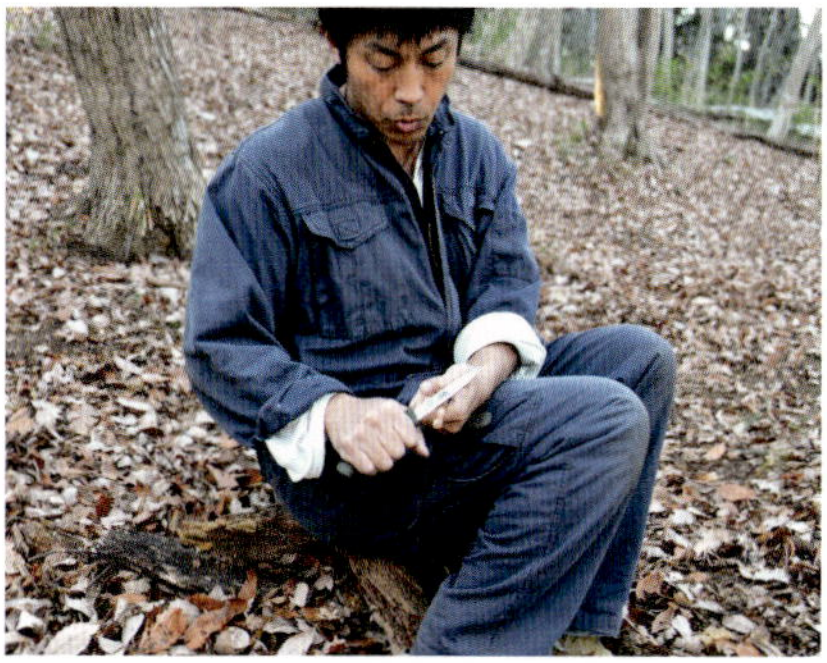

### 刃の延長線上に体を置かない

刃を動かす先に自分の体があると、誤ってナイフを動かしすぎたときに体に当たってしまい危険だ。手先だけでなく、脚の位置にも気をつけたい

### 枝を払う

不必要な小枝を払うときは、枝の根元側を上にして固定し、ナイフを小枝の付け根部分に振り下ろす。ナイフの後方を持ち、遠心力を効かせるといい

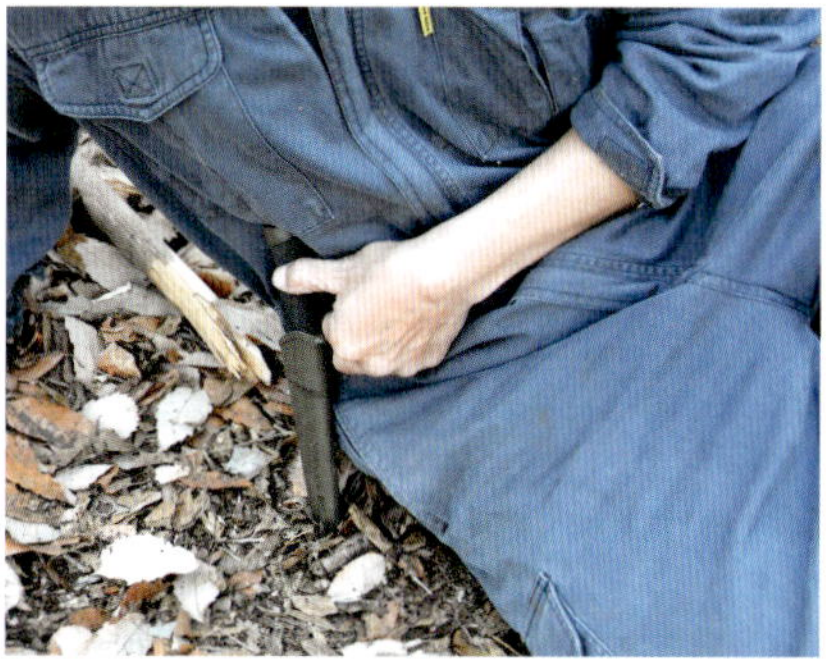

### 持ち運ぶときの注意

転倒したり尻餅をついたりしたときに、シースがあばらに食い込まないような位置に取り付ける

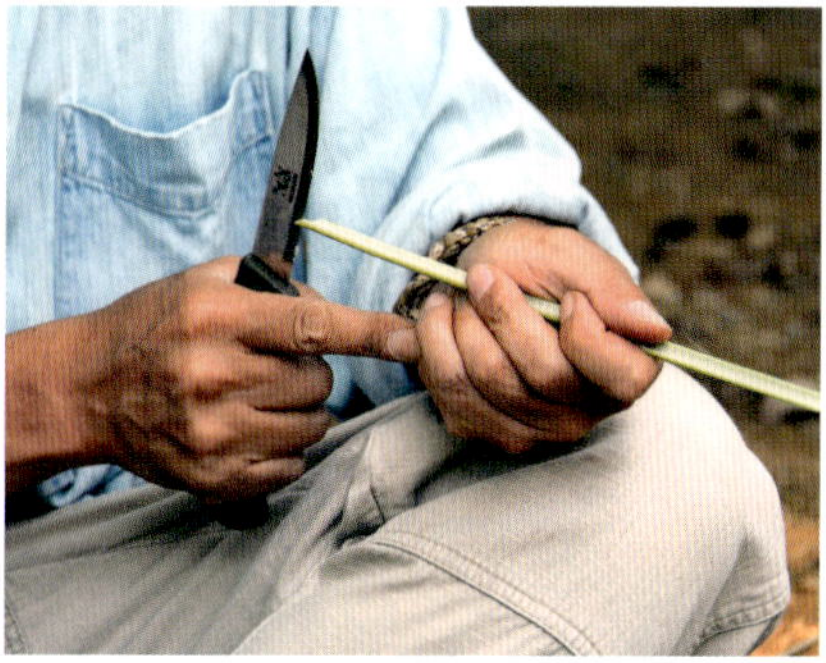

### 指をストッパーにする

上級者向きなのでおすすめはしないが、ナイフを持つ手の指を伸ばし、ストッパーにする方法もある

# トライスティックに挑戦

## ナイフを扱う練習に最適

トライスティックと呼ばれるものがある。1本の枝にいろいろな種類のノッチ、つまり刻みをナイフによって入れていく。そうすることによって、ナイフを扱う練習をするというものである。

作ったものが直接的に何かに役立つというものではないが、ナイフ一本でいろいろな刻みができるようになると、嬉しくなるものだ。そういう意味で、トライスティックは楽しみながらできるエクササイズだと言えるだろう。

中には10以上もの種類のノッチを刻んだりするものもあるが、まずは左ページの写真のように、よく使う6種類の加工が刻めるように練習してみよう。ちょっとした枝さえあればできるので、自宅でやってもいいし、雨が降ってしまった日にタープの下でじっくり取り組むのもいいだろう。

上から順に解説していくと、一番上の枝の端の加工が、平らにして縁を面取りしたもの。これは、タープの支柱やペグの上端などによく施す加工である。

そして、縦にナイフを入れてから斜めに木を削り取るようにして作るラッチノッチと、上下から対象に刻みを入れるVノッチ。これらは、ロープを巻いたときに滑り止めとなるノッチである。

そして表面を平らに仕上げるスクエアノッチは、木と木を十字に重ね合わせて動かないように固定するときなどに使われる。

その下の、鳥のくちばしのような形のノッチはポットフックノッチ。その名の通り、枝に枝を引っ掛けるポットハンガーを作るときに必要になるノッチである。

そしてこちらの端は鉛筆のように尖らせてある。先端が必ず枝の中心になるように練習しよう。

端の角ばった部分の面取りをするエンドカット。ペグの上端側にこの処理をしておくと、石などで叩いても木が割れにくい
ラッチノッチやステークノッチといわれるカット。木に対し垂直に刃を押し込んでから、反対側から削り取るようにカット
その名の通り、カット面がVの字になるVノッチ。ナイフの刃を両側から斜めに木肌に押しこむように入れてカットする
木を平らに削るスクエアノッチは、ログハウスで使われたノッチ。材と材を合わせて動かないように固定するときに使用する
ポットハンガーでクッカーの取っ手を引っ掛けるのに使うポットフックノッチ。ベイルノッチともいわれる
先端を尖らせて削るステークポイント。テントペグの、地面に挿す側にこれを施す。頂点が必ず木の中心になるように

# バトニング

## 薪づくりの必須テクニック

木の枝でナイフの背を叩いて使うという、ユニークなテクニックがバトニング。このバトニングには、木の繊維方向に沿って縦に刃を入れる場合と繊維方向に対し刃を横に入れる場合がある。

刃を縦に入れる場合の代表的な例としては、太めの薪を細く割って焚き付けにするときが挙げられる。これができればナタやアックスがなくても薪割りができ、非常に便利なのだが、やり易い木の太さは刃の長さの3分の2程度までと心得ておかなければならない。それ以上太いと、ナイフに叩きしろがなくなってしまうからだ。

繊維方向に刃を横に入れる場合の使用例としては、少し太めの枝を切断するときや、ポットフックノッチなどで表面に深い切り込みを入れるときが挙げられるだろう。木の枝で叩くというと、勢いよく叩くことばかりを想像してしまうかもしれないが、ノミのようにコツコツと叩いて細かい作業をすることもできる。

どちらにせよ、ポイントは力が安全に確実に伝わるように、刃の先端付近ではなく根元部分を主に使うように心掛けることである。

バトンにする木は、握りやすく、重いものが適している。あまり曲がっていると使いにくい

木の繊維に対してナイフの刃を横に入れるときの例。対象となる木を地面に直接置いて叩くと、地面に当たって刃が欠けてしまう危険があるので、違う木の上に乗せて作業を行う

繊維に沿ってナイフの刃を入れる場合の例。一本の木から細い薪を作りたいときや、薪が雨で濡れてしまったときに、表面を落として乾いている内部を露出させたいときなどにも使う

# 手順

1 まず、枝を適当な長さに切ってバトンを作る。長さは好みでいいのだが、腕より短いくらいが使いやすいだろう

2 枝はそのままでもいいのだが、持ち手の部分を削るともっと握りやすくなる。少しずつ削って、最もフィットする形にしよう

ナイフは自分に対して
平行の向き

3 対象となる木をまっすぐ置いてナイフを上にあてがう。このとき、刃先ではなく、主に刃の根元付近を使うようにすること

ブレードの
根元に
入れる

4 バトンでナイフの背を叩いて、木を割り裂く。刃なるべく真っ直ぐ下に落とすために、地面と刃が水平を保つように気を付ける

刃先部を
バトンで叩く

5 刃が木に食い込んだら、横に出ている刃先部分をバトンで叩き、さらに落としていく。割る枝が太いほど叩ける部分も狭くなる

6 そのまま下まで刃を落として割り裂く。下にいくと刃が斜めになりやすいので注意

## コツと注意点

### 太すぎる木は叩きにくい

割る木が太すぎると、刃を落とし込んだときに刃先が出ないのでバトンで叩きにくい。割りやすい木は、刃長のおおよそ 2/3 までだ

### 力が逃げないよう固定

叩く木を柔らかい地面に置くと、叩いたときに地面にめり込んで力が逃げてしまう。下に木を置いて作業すると、力が伝わりやすい

### 刃を斜めにしない

気をつけたいポイント。刃を斜めにしてしまうと、バトンの力がナイフに伝わりにくい。常に刃は地面と平行に保つようにする

### 太さに合わせて叩く位置を変える

写真のように木が細めなら、根元を当てて先を叩いたほうがいい。太い木の場合は、反対に刃の先を当てて根元を叩くこともある

### 刃は自分の体と平行に

自分の体に対してナイフを垂直にして構えてしまうと、力が入りにくいし、刃が曲がって入りやすい。体とナイフは平行がやりやすい

# ナタを使う

## 使い道が多い万能刃物

ナイフより大きなサイズの刃物として役立つのがナタである。

刃物が大きくなれば、扱える材料も大きくなるので、より豪華なシェルターを作ったりもできる。しかし一方で、刃物が大きいほど、ミスをしたときの怪我の度合いも大きくなるので、扱うには細心の注意を払う必要がある。

ナタを振り下ろしたとき、その軌道は腰から下に来ると円を描いて自分の方に向かってくる。そのため、腰から下では使わないというのが安全な使い方だ。そして、ナタを振り下ろす対象を支える手もなるべく高くし、軌道に入らないようにする。

ナタと同様の使い方ができる刃物としては、次ページで紹介しているアックスがあるが、ナタはアックスに比べ刃が長いため、対象物に当てやすいという利点がある。パワーではアックスに劣るが、上手く使えばある程度太い木を伐倒することも可能だ。

ブッシュクラフターでもナタ派の人とアックス派の人に分かれているようだが、一番いいのはどちらも使いこなせるようになることだ。私もそれを目指している。

少し低い位置を切るときには、腰をしっかり落として刃の軌道に体が入らないように注意する

ナタは、極めて優秀な道具である。ナタにも多くの種類があって、これは先が尖った剣ナタといわれるタイプ

# アックスを使う

## あれば役立つ大物刃物

大きさにもよるが、ナタよりもさらにパワフルな道具といっていいのがアックスだ。刃渡りがナタに比べて短いので、対象物に当てるのが難しくなるが、その分振り下ろすときの遠心力が集中するので、破壊力が増すのであろう。

アックスのサイズはバリエーションが豊富だ。ハンドアックスといって、片手で使えるような小さなものもあるが、個人的にはハンドアックスならナタの方が使いやすく、好みである。どうせアックスを使うなら、破壊力を生かした大きめのものを使いたいというのが私の意見だ。

アックスの利点は、とにかく太い木も扱えるようになるということ。北欧のブッシュクラフターたちは、太い木を使ってログハウスのような立派なシェルターを作ったりもするが、それを可能にするのが、パワフルなアックスという道具なのである。

また、柄のヘッドに近い部分を持って、器用に細かい作業をこなすこともできる。アックスは大雑把な作業のみという風に決めつけずに、万能刃物としてうまく使いこなせるようにしたいものだ。

商品により推奨されない場合もあるが、ヘッドの後ろ側をハンマーのように使えるのも便利だ

欧米のブッシュクラフターたちは、アックスを上手に使う。破壊力が大きく、太い丸太を扱えるというのが魅力だ

# ナイフのホーニング

## 切れ味を保つために

ナイフの刃は使っていれば必ず鈍る。そうすると、切れ味が悪くなるばかりか、エッジがうまく食い込まず、刃先が滑ってケガの原因にもなってしまう。切れ味を常に良好に保つために、ナイフのホーニングのテクニックは必ず身に付けておきたい。

ホーニングを難しいと考える人も多いが、細かいやり方を覚えるのではなく、最終的に刃をどんな形にすればいいかを覚えておき、それに近づくように研ぐ作業をするというふうにすれば習得しやすい。簡単にいってしまえば、刃の先端の角度が一定になるように真っすぐ削ればいいのだ。

もちろん、ナイフによって刃の形状は違うし、マイクロベベルといって刃先の先端だけ角度を変えているものも多いので、厳密にはただ真っすぐ削ればいいというものではない。だが、普通に使用するくらいなら、それで十分ではないだろうか。

ホーニングというものは実に奥深く、マニアックになろうと思えばいくらでもなれる世界。興味を持ったら自分なりに理想の研ぎ方を追求するのもおもしろい。

切れ味が落ちたら、フィールドでも刃を研ぐ。そのためにシャープナーを持ち歩いている

私は乾式の砥石を使うが、もちろん水砥石でも油砥石でもかまわない。自分に合った方法を見つけることが大切だ

1 ここでは私なりの研ぎ方を紹介する。私は、日本で一般的な水砥石ではなく、濡らさずに使う乾式砥石を使っている

2 #600 程度の粗砥石を使い、片側の刃先が真っすぐになり、逆側にバリが出るまで研ぐ。手ではなく体で動かすイメージ

3 最初は根本部分だけ、次に刃先だけ、そして左右に動かしながら全体を削る。バリが出たら裏返して同じようにする

4 図に描くとこのようなイメージになる。丸みを帯びてしまった部分を削り落とす感じで研いでいく

**5** #1000 程度の仕上げ砥石に交換。今度は力を少し弱めにし、写真手前から奥方向へのみ動かしてバリが出るまで研ぐ

**6** 反対面も5と同じ回数だけ研ぐ。これもナイフの背から刃方向にだけ動かす。バリが出たらまた裏返す

**7** 根本から刃先まで、全体を研ぐ。片方ずつ10回、7回、5回と研ぐ回数を少しずつ減らしていき、バリをなくしていく

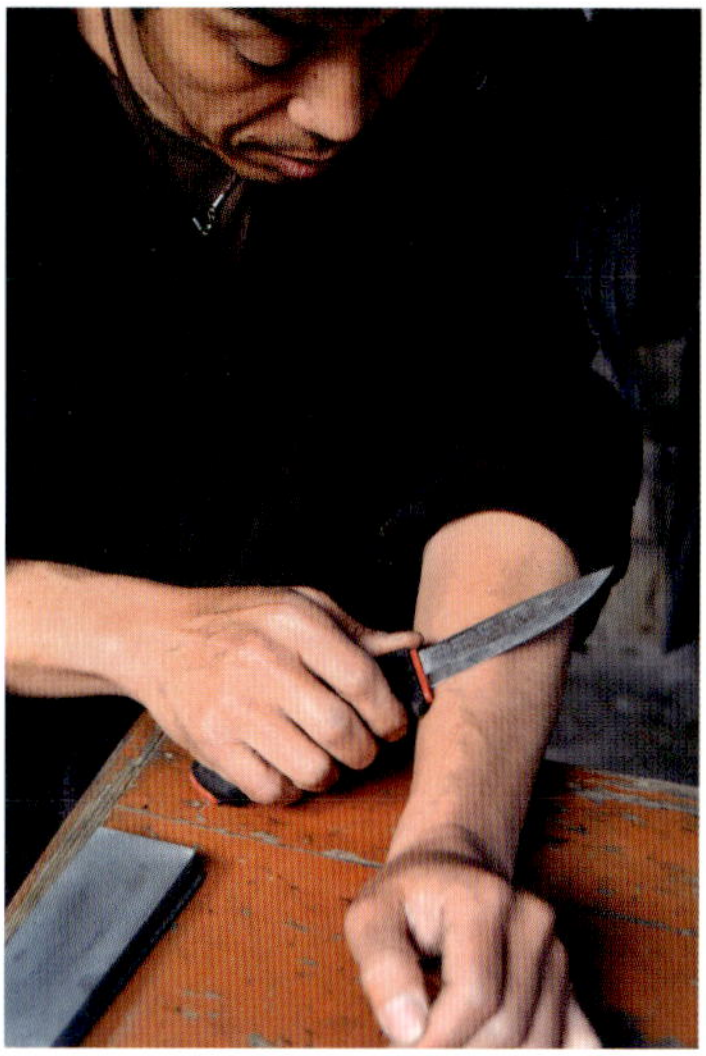

**8** 腕の毛が剃れればOK。最後の仕上げとして、少し刃を立てて研ぐこともある。研いだらオリーブオイルを塗っている

# ナタ、アックスのホーニング

## ナイフとの違い

ナイフと同様に、ナタやアックスも切れ味が衰えたら研ぐという作業が必要になる。わずかな刃こぼれでも、放っておくとすぐに広がってしまうので、こまめにメンテナンスしてやろう。

研ぎ方は基本的にナイフと同じだ。ただ、ナイフとくらべて大きく重い分、砥石が動いてしまいやすいので気を付けたい。ナイフもそうなのだが、研いでいるときに砥石が動いてしまうようでは、決してうまく研ぐことはできない。砥石が安定し、力がしっかりと入る姿勢がとれる場所で作業すべきである。

また、刃先の角度の付け方も、ナイフとは少し異なる。刃先の角度は、鋭角にするほど食い込みがよく、切れ味も鋭くなるものだが、それだけ刃先が薄くなるため、刃こぼれが起きやすくなってしまう。太い木に叩きつけるように使うことも多いナタやアックスの場合は、切れ味だけを求めて鋭角にし過ぎないほうがいいだろう。

また、アックスの場合、コンベックスグラインドといって、刃に膨らみをもたせた形状になっているものも多い。これは強度を高めるため、そして木に食い込んだときにヘッドが木を押し割りながら進むようにするためだが、この膨らみまで削ってしまうと、せっかくの長所が損なわれてしまいかねない。なので、元の形状を保ったままで研ぐというのが無難だ。

アックスを研ぐにあたっては、専用の砥石もある。これは手に収まる円盤状の形をしていて、アックスではなくこの砥石のほうを動かして研ぎ上げるというもの。重いアックスを動かす必要がないので、楽に作業ができる。小さいので持ち運びもしやすい。

刃物研ぎは姿勢が大事。力が入るよう、体の中心に刃物を置くこと。刃物はいつも切れ味を鋭くしておくべきだ

# タープ

## 雨風を防ぐシェルター作りに役立つ

シェルター作りには欠かせない道具がタープである。

最初に購入するタープとしておすすめなのは、かっこよさはなくなってしまうが、ブルーシートだ。2700×1800㎜というサイズがあるので、それが使い始めとして丁度いいサイズだろう。それを使ってみて大きいと思えば小さいものに、反対に小さいと思えば大きいサイズにすればいい。

なぜブルーシートなのかというと、1000円以下と安価だからだ。サイズを変えたいと思っても、この値段なら気軽に買い替えられる。それに、よくある失敗として、タープの真下で焚き火をしたときに、炎のコントロールがうまくできなかったり、タープを低く張りすぎたりして、タープに穴を開けてしまうことがある。そんなときでも、ブルーシートであればさほど惜しくはないだろう。

少々重いが、防水性や防風性は極めて高いし、サイズを知るため、そして気兼ねなく練習するためにも、最初はブルーシートというのは悪い考えではないと思う。これを使い込めば、自分の本当に欲しい形が見えてくるはずだ。

たった1枚のシートでしかないのだが、使い方次第で非常に役立つ道具、それがタープだ

私がよく使うのが、スナグパック社製のもの。約3m 四方と大きめで、ループが多く付いている

こちらはポンチョだが、タープとしても使えるタイプ。小さめだが緊急時などは役に立つ

# パラシュートコード

## コードは長さごとに分けてまとめる

ブッシュクラフトでは、懸垂下降が必要な場所にいったりしない限り、登山用の太いロープは必要ない。圧倒的な人気を誇っているのが、直径約4㎜のパラシュートコードと言われるものである。

パラシュートコードの利点は、細くて丈夫なうえ、かさばらず扱いやすいところ。値段も30mで1500円程度とそれほど高くない。私は、この30mを1.5mと3mの長さに切り分けたものを1セットと考え携帯している。

このシステムの良さは、パラコードを大事に使うようになること。その都度ナイフでカットしながら使うと、撤収時に色々な長さのものが残ってしまい、不用品のように思えてしまうのだが、セットにするとどういうわけか一束なくなっただけでも嫌な気持ちになる。

また、暗闇の中でも束を握ればどちらの長さかが分別できるのも機能的。長さによって色を分ける人もいるようである。もし3mより長いものが必要になれば、結び合わせて長くすればいい。

なお、カットした部分はライターなどで炙ってほつれ止めを施す必要がある。

私はクリップ付きのホルダーで長さごとに分け携帯している。カラビナを使ってもいいだろう

略してパラコードともいわれるパラシュートコード。色のラインナップが豊富なので、好みのカラーを選べる

# ロープワーク

## アウトドアで役立つ結び

ロープワークは、アウトドアで欠かすことのできない技術である。とくにブッシュクラフトでは、タープを張ったり、シェルターを作ったり、枝と枝を組み合わせて何かを作ったりと出番が多い。ナイフなどの刃物を使う技術ばかりが注目されがちだが、ロープをうまく使いこなせるかどうかも、ブッシュクラフターにとっては非常に大切な要素といっていいだろう。

世の中にはロープや紐の結び方が何百通りもあるのだが、アウトドアで必要な結びはそれほど多くない。このページでは、実際のフィールドで役立つ最小限の結びを紹介することにしよう。一見難しそうな結びもあるかもしれないが、実際にロープを手にしてやってみれば、きっとできるはずだ。

ここでは結びの種類を目的別に4つに分けている。最初は「端を留める結び」。これは木やペグ、タープのグロメットなどにロープを結びつけるときに使う結びで、最も使う機会が多い。

「輪を作る結び」は何かをぶら下げたり、吊って支えたりするのに便利な結び。代表的なのはもやい結びだが、これは誰もが聞いたことがある名前だろう。

「ロープとロープを結ぶ」方法も覚えておく。短いロープを繋ぎあわせて長くしなければならない場合もあるからだ。

そして、ブッシュクラフトでよく使うのが「丸太を結ぶ」技術。枝と枝を組み合わせるはさみ縛りは、トライポッド（三脚）を作るときに必要になる。

ひとつ結びを覚えれば、きっと違う結びも知りたくなる。こうした結びは、日常生活においても何かと役に立つものなので、楽しみながら身に付けるようにしよう。

# 端を留める結び

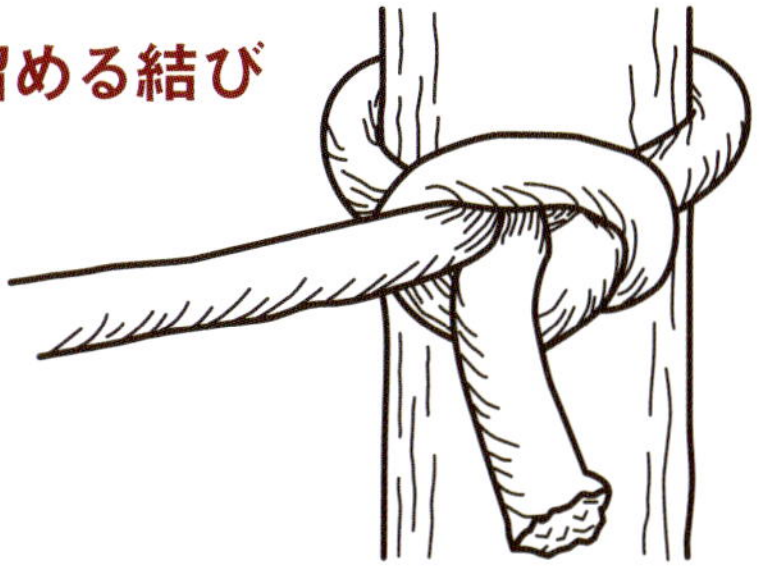

### スリップ・ノット

木などにロープを結びつける結びで、最も簡単で覚えやすいのがこれだ。ただし、ロープを引っ張る力が緩むと解けてしまうので注意する

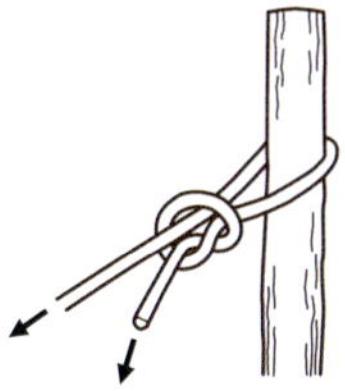

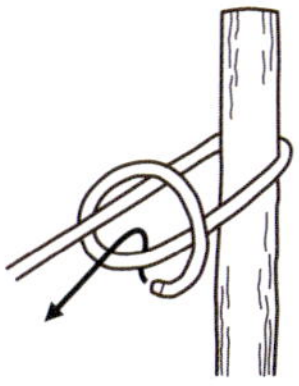

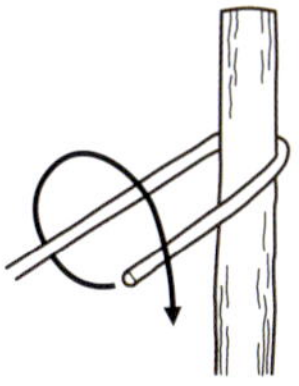

**3** ロープの末端側と元側を同時に手前に引っ張り、締め付けて完成

**2** 交差させて輪ができたら、下からロープの末端を通し、手前側に引く

**1** 木の後ろにロープをまわしたら、元のロープの下から上に通して交差させる

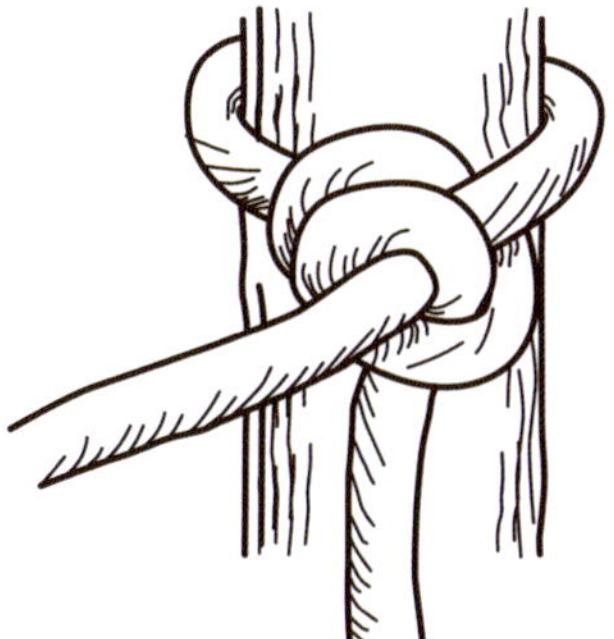

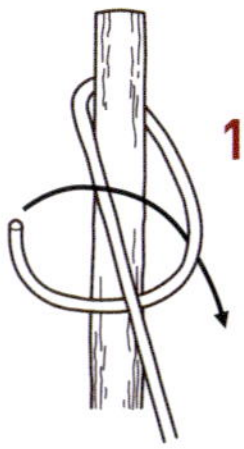

**1** ロープ先端を枝にぐるりと回し、元側に下から巻きつけて輪の中に通す

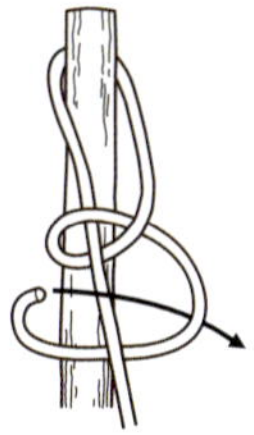

**2** 再度末端を元側の下から回し、できた輪の中に通す。これでひと結びが2回

### ツー・ハーフ・ヒッチ

誰もが知っているひと結びを2回繰り返すことで、ほどけにくくした結び。簡単で確実な結びなので、タープのグロメットに結ぶのにぴったり

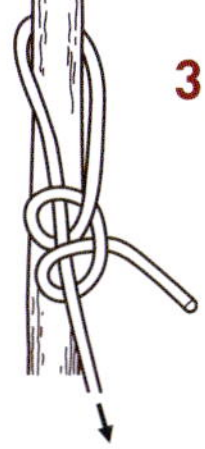

**3** ロープの末端側と元側を引っ張り締め込む。強く引っ張るほど緩みにくい

## クローブ・ヒッチ（巻き結び）

縛るのもほどくのも簡単で、杭に結んだり、枝を縛ったりと出番が多い結び。２通りの結び方ができるので、状況に応じて使い分ける

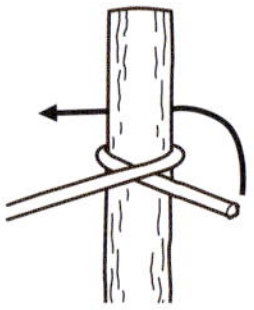

**1** ロープを立木の後ろから通してひと巻き。回したロープの上側にもう一度通す

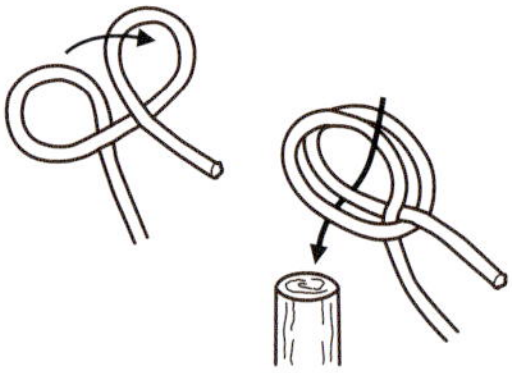

結ぶ木が低く上から被せることができるようなら、こちらの結び方のが簡単。輪をふたつ作って重ね、縛りたいものに上からかぶせて締め込む

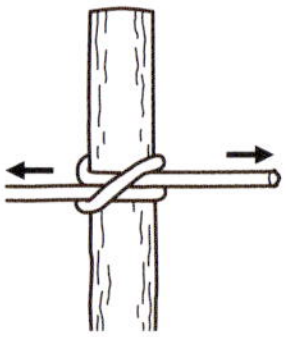

**3** 元側と末端側の両方から引っ張り締め込む。末端側には多少余裕を残しておく

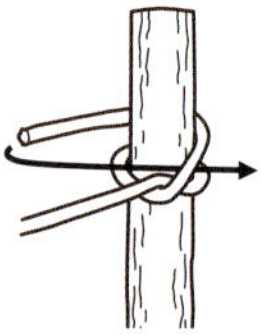

**2** 手前でロープを交差させてから2周目を回し、巻き付けたロープの下を通す

## トートライン・ヒッチ（自在結び）

結び目の位置を動かすことで、ロープの長さを自在に調節できる結び。タープの張り綱に使うと非常に便利

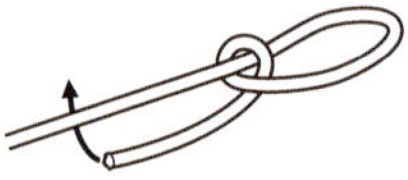

**1** 固定したい木などにロープを回し、末端を下から元側に交差させて輪に通す

**2** 先ほどの結びから少し離してもう一度先端を元側の下から交差させる

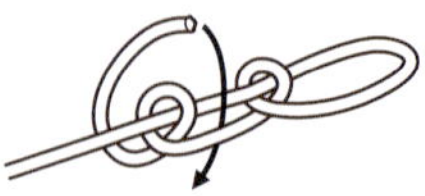

**3** できた輪に先端側を通す。さらにもう一周させ、できた輪に先端側を通す

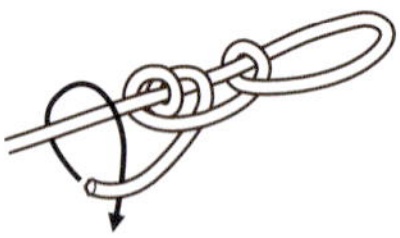

**4** できた結び目の手元側に先端部を持ってきて、元側の下から回しひと結びを行う

**5** 先端側を引いて締め付け完成。結び目の位置を動かすと、長さが変わる

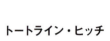

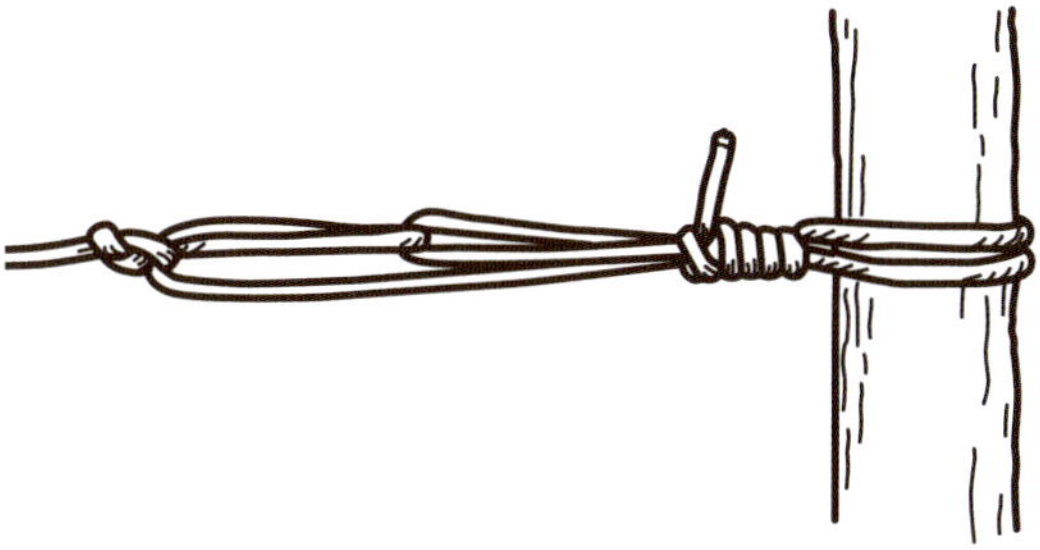

## ロープ・テークル

ロープをピンと張りたいときに便利な結び。タープ・シェルターでロープを張って棟にしたいときや、ハンモックを吊るときに最適だ

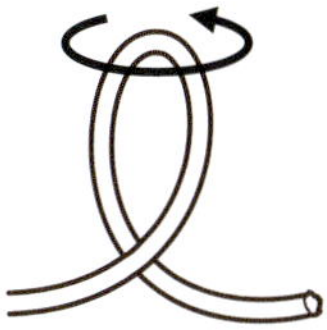

**1** ロープの元側の途中で、ロープをつまんで２回ひねって輪を作る

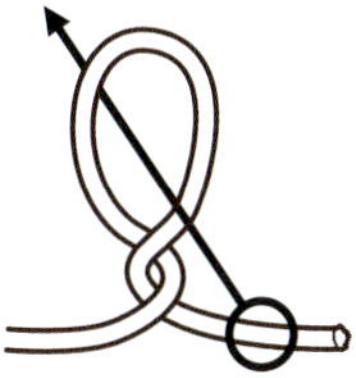

**2** できた輪より先端側にあるロープをつまんで、輪の中に通す

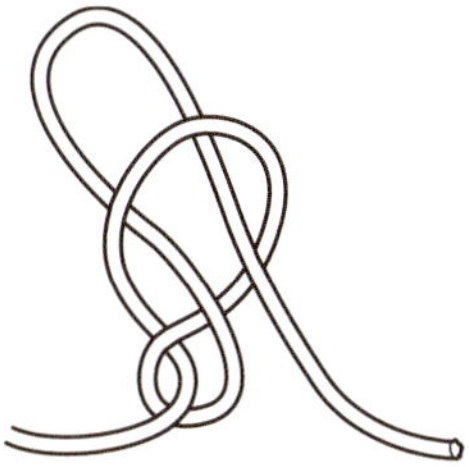

**3** 輪の中を通した部分をそのまま引っ張っていくと、輪が固定される

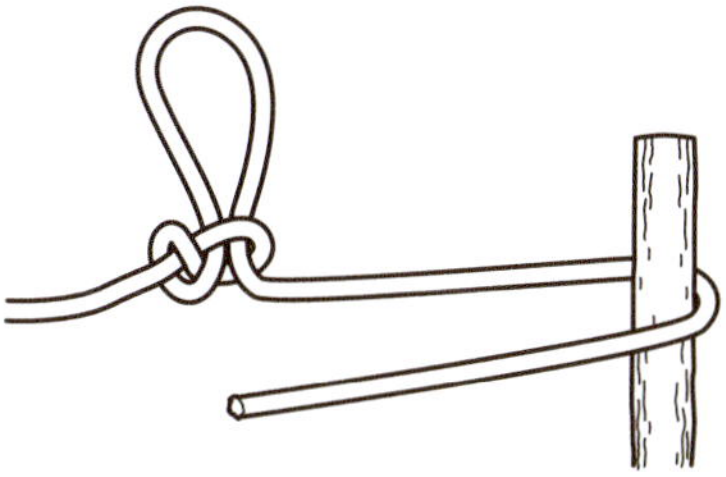

**4** 先端側を固定したい立木などに回してから、先ほど作った輪のところまで戻す

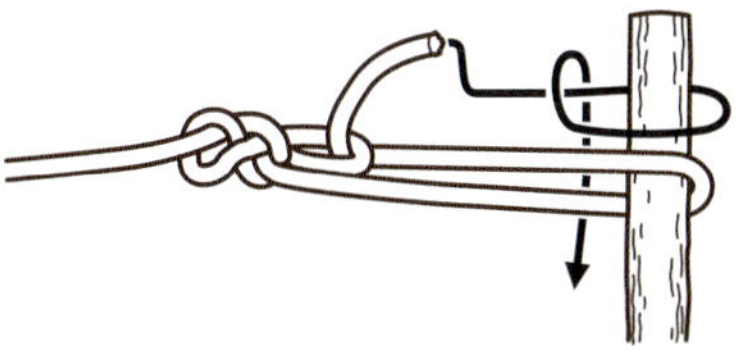

**5** 先端を輪の中に通してから強く引いてロープを張り、再度固定したい立木の後ろを回す

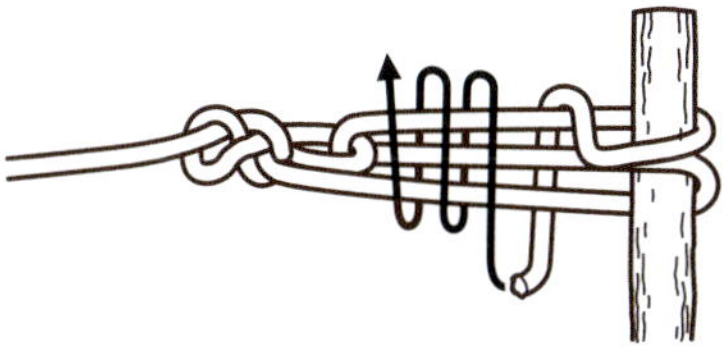

**6** ロープ3本をぐるぐるとまとめるように、４～５回巻き付ける

**7** 最後はクローブ・ヒッチで留める。しっかり張れていなければ、ここを解いてやり直す

# 輪を作る結び

## プルージック

輪にしたロープを巻き付けて、摩擦抵抗により固定する結び。張る力を緩めるとスライドするので、簡単に結びの位置を調整できる

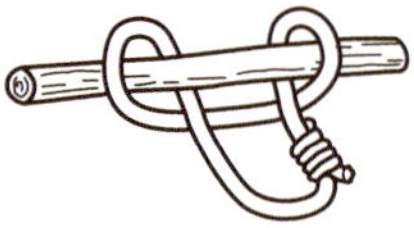

**1** ロープで輪を作る。結びは76ページにでてくるリーフ・ノットなどでOK

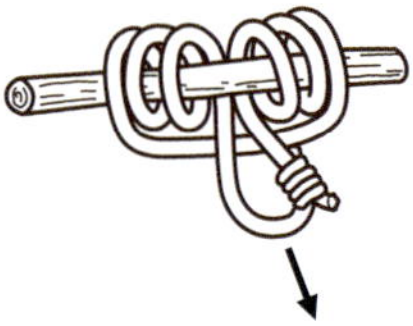

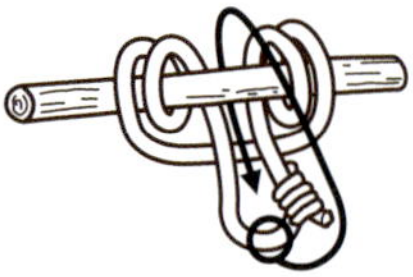

**4** ギュッと引っ張ると結び目が動かない。緩めれば簡単に結び目の位置が動く

**3** 3〜4回巻き付けながら通したら、そのまま引っ張って締めていく

**2** 固定したい木やロープに作った輪を引っ掛け、先端を元の輪の中に数回通す

## マン・ハーネス・ノット（よろい結び）

ロープの中間に、簡単に輪を作ることができる結び。ロープを張っても輪が縮まず、キャンプではよくコッヘルなどをぶら下げるのに使われる

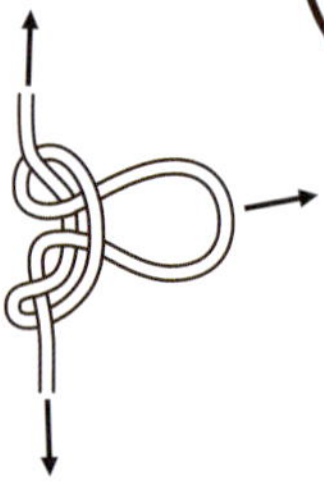

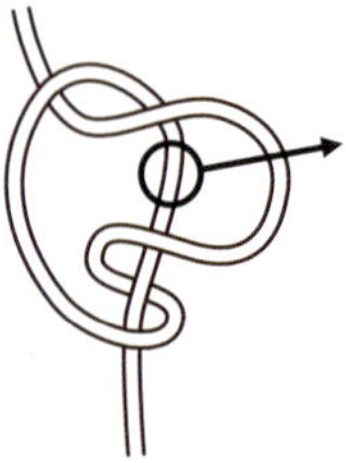

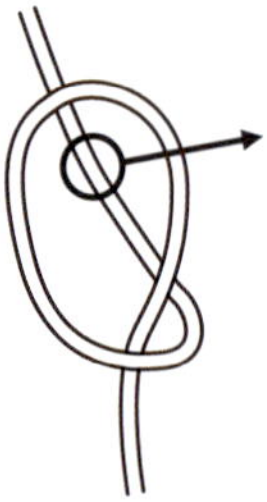

**3** そのまま引っ張り出して輪を作る。そのまま3方向に引っ張り結び目を締める

**2** つまんだロープを引っ張り出し、できた輪の中にさらに内側の部分を通す

**1** ロープをひねって輪をつくり、上側にきたロープを下にもっていきつまむ

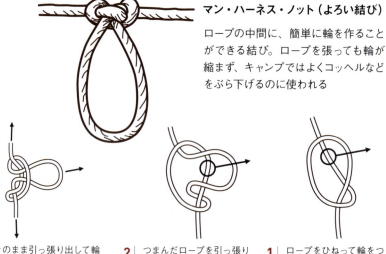

## ボーライン・ノット（もやい結び）

結ぶのが簡単で、力がかかっても輪の大きさが変わらない。昔から結びの王様とされてきた基本の結びだ。張り綱の固定などに使える

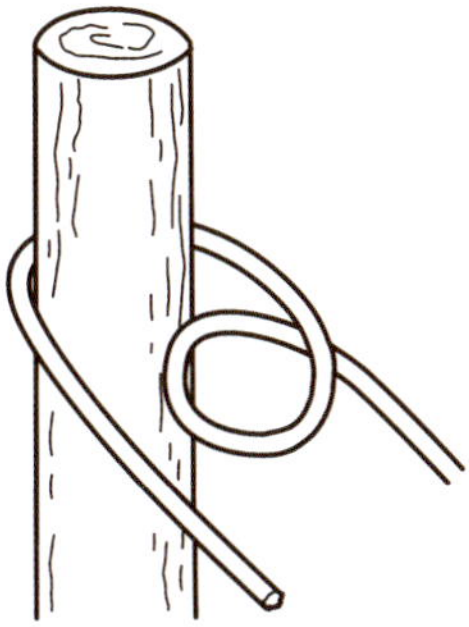

**1** ロープの元側が下にくるように、輪を作る。先端を固定したいものに回す

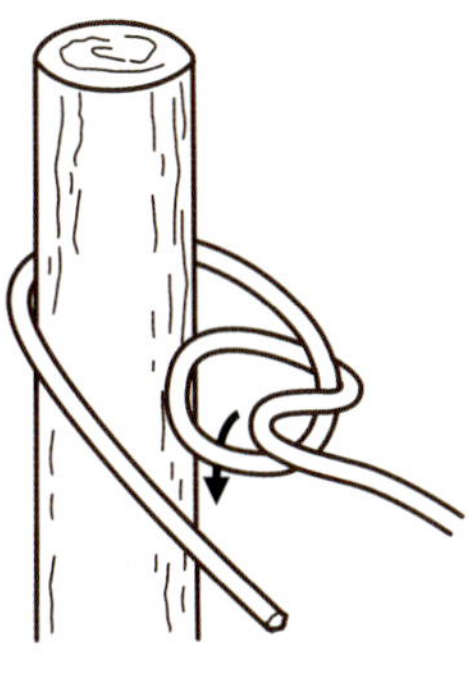

**2** 元側の一部分を、先ほど作った輪の中に通して引っ張りだし、再度輪を作る

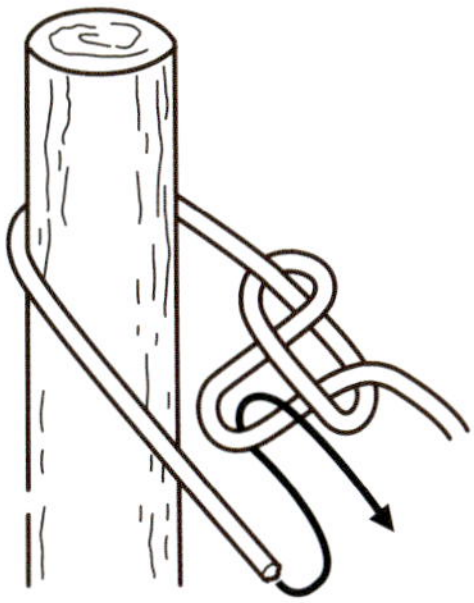

**3** 結びたい木に回しておいた先端側を、できた輪の中に通して引く

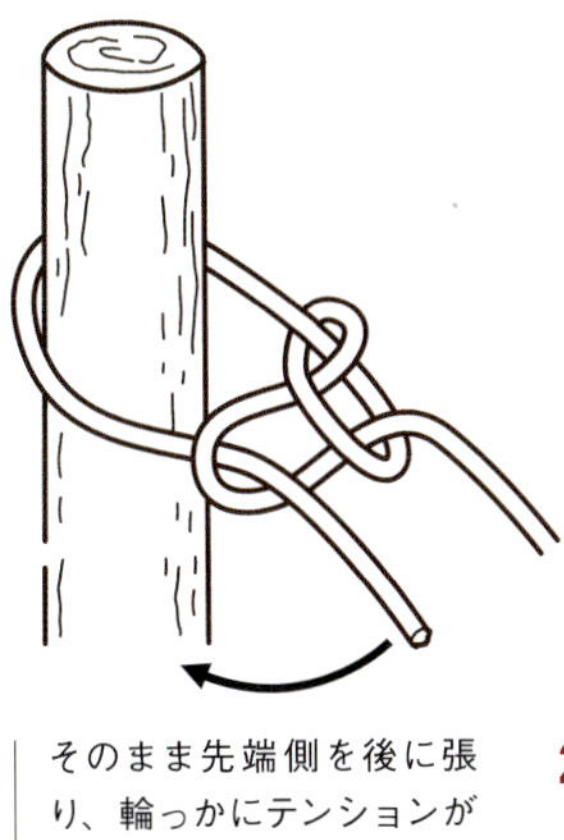

**4** そのまま先端側を後に張り、輪っかにテンションがかかるようにする

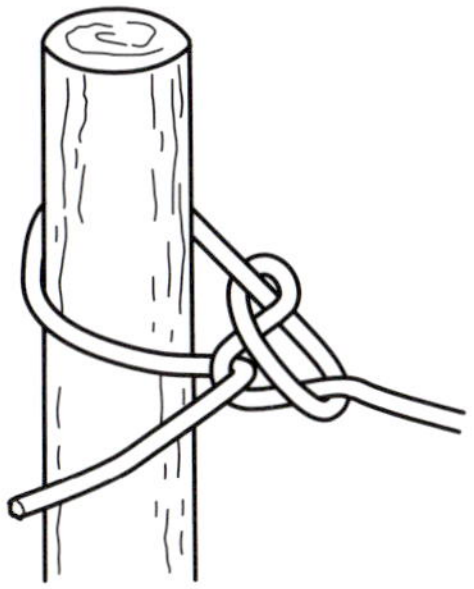

**5** 先端側をそのまま保持しながら、右手で元側を手前に引いて締め込んでいく

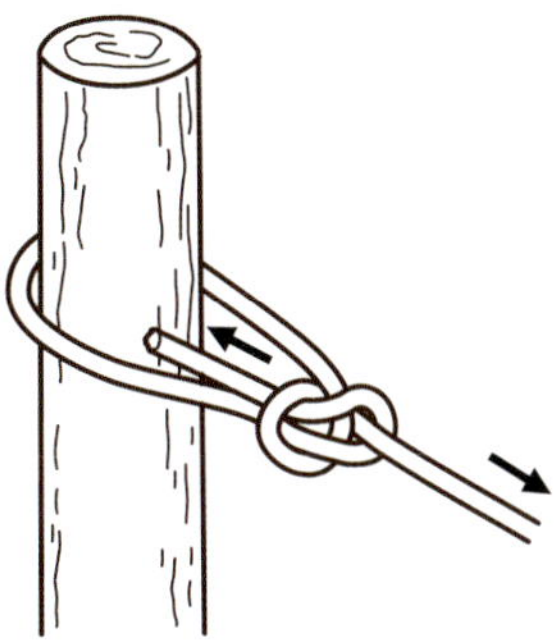

**6** 先端側と元側の両方から引っ張る。結び目が固まるまで引けば完成

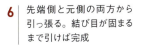

# ロープとロープを結ぶ

## リーフ・ノット（本結び）

同じ太さ、材質の２本のロープを１本につなぐのに適した結び方。一方の先端側と元側を開くように引っ張ると、素早く解くことができる

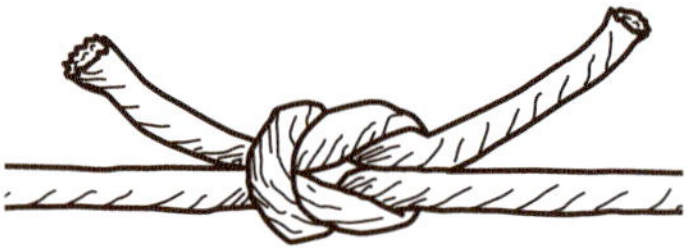

1 繋ぎあわせたいロープの末端同士を交差させて、互いにひと巻きさせる

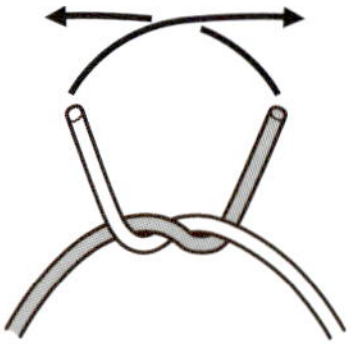

2 もう一度末端同士を交差させる。後ろになっている方をそのまま後ろへ

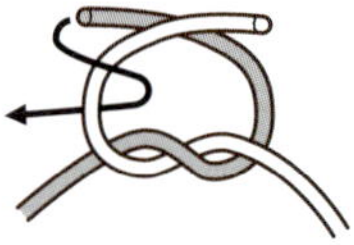

3 奥側にしたロープをもう一方のロープに巻き付けて一回転させる

4 両方のロープの先端を引き出して引っ張る。元側も強く引いて締める

## ダブル・フィッシャーマンズ・ノット

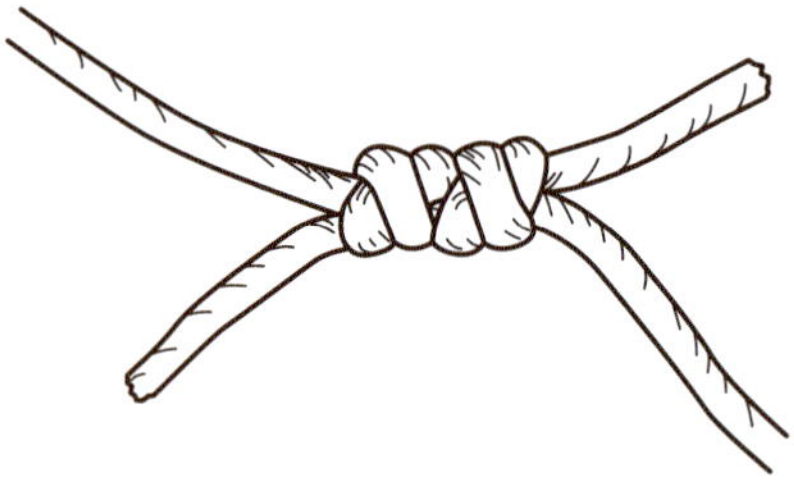

太さの違うロープ同士を繋げるのにも使える強固な結び。解けにくいので、すぐに解く必要がないときに使いたい

1 両端を平行に向かい合わせたら、一方をもう片方に巻きつける

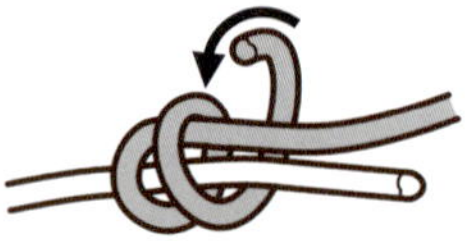

2 ２本をまとめるようにして、外側から内側に向かって２周回す

3 できたふたつの輪の中を、内側から外側に向かって先端側を通す

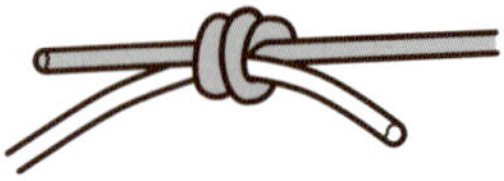

4 巻き付けた方のロープの元側と先端側を引っ張り、締め込む

5 反対側のロープも同じように巻く。２周巻いてできた輪に、先端側を通す

6 両側から引っ張って締め込むと、結び目が近づいてひとつになる

# 丸太を結ぶ

## はさみ縛り

数本の枝を縛って強固にまとめることができる結び。ブッシュクラフトでよく使うのは、３本の枝でトライポッド（三脚）を作るときだ

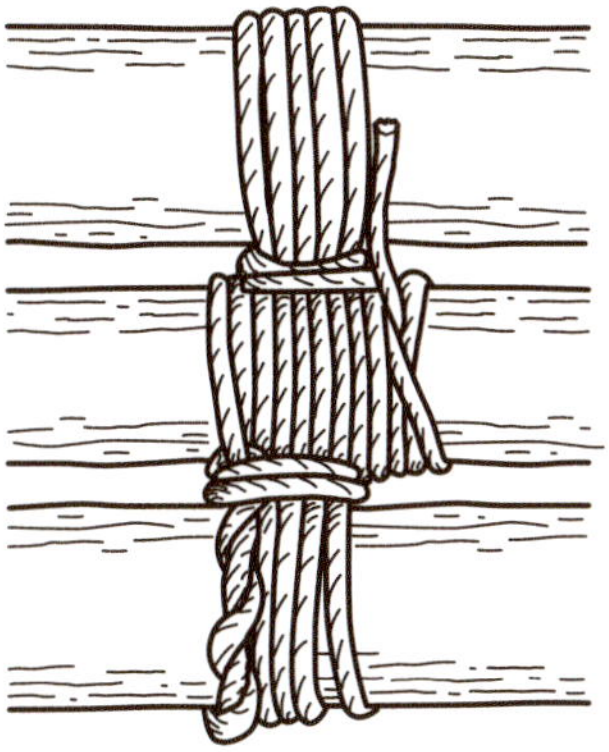

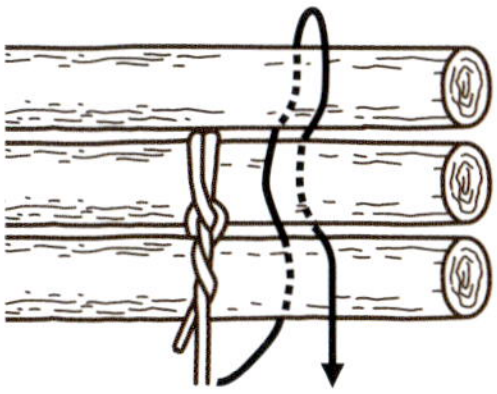

**1** 枝を３本並べておいて、真ん中の枝にクローブ・ヒッチでロープを留める

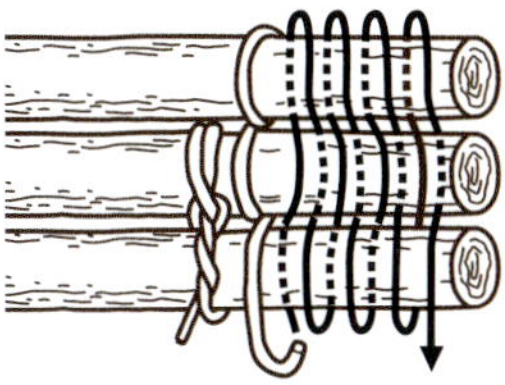

**2** 八の字を描くようにして、交互に枝を通す。この作業を何回か繰り返す

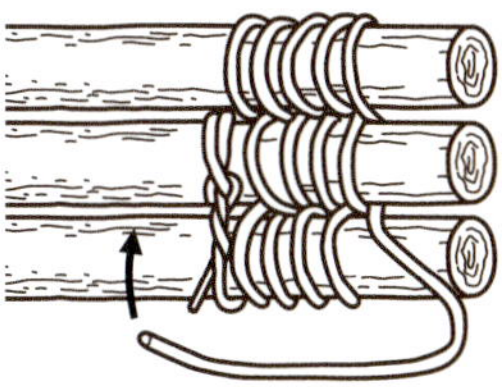

**3** 棒と棒の間に縦にロープを巻く。この作業を「割りを入れる」という

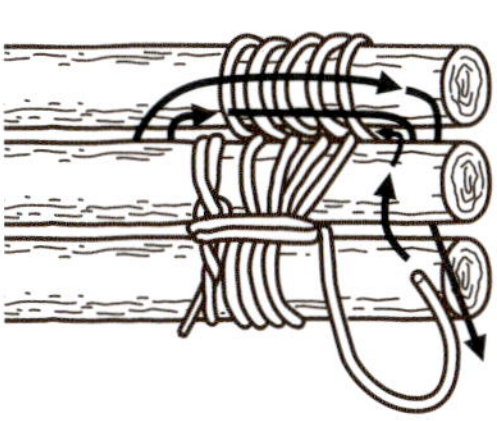

**4** ２回ほど縦に割りを入れたら、もうひとつある枝と枝の間にも割りを入れる

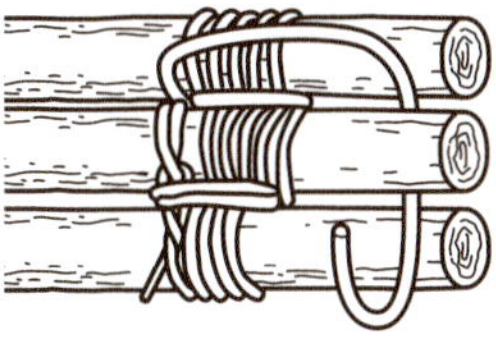

**5** 割りを入れ終えたら、真ん中に置いてある枝を後ろからひと巻きする

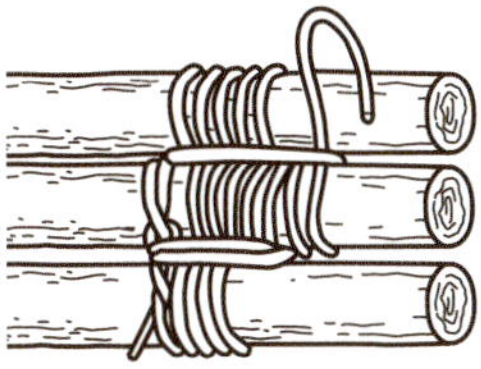

**6** 真ん中の枝にロープをもう一度巻き付けて、クローブ・ヒッチを作る

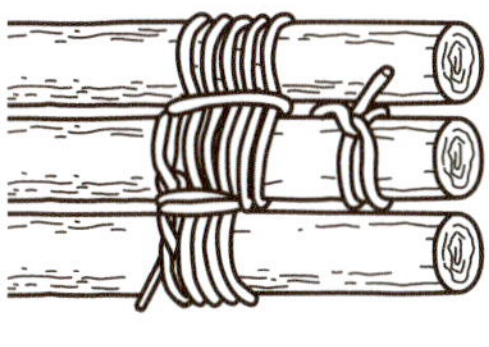

**7** クローブ・ヒッチを締め上げる。完成したら、三本の枝を開いて三脚にする

# 火の道具

## 炎を生む大切な道具たち

火を扱うために必要なものは、役割的に3つに分けられる。ひとつ目のカテゴリーは、点火するもの。そして、ふたつ目が点火した火をある程度長持ちさせる着火材、そして三つ目が炎を長く持たせるための燃料である。このうち、ふたつ目と三つ目は、スギの枯れ葉だったり薪だったりするので、現地調達することがほとんどだ。よって、火の道具として持っていくものとすると、ひとつ目のカテゴリーである、点火するものが中心となる。

**メタルマッチ**

マグネシウムの棒をこすることで、火花を起こして点火する道具。水に濡れても、拭き取ればすぐに使用することができるのが長所

点火する道具として何をもっていくかは自由だが、候補としてはマッチ、ライター、メタルマッチというものが挙げられる。このうちどれかひとつだけというのではなく、いくつかの種類を持っておけば安心だ。

また、小枝がいくらかあれば湯が沸かせるネイチャーストーブもときには便利だ。焚き火を起こせればこの道具も必要ないのだが、移動中に素早く湯を沸かしたいときなどには、サッと出してサッと片付けることができていい。

さらに、キャンプ用のガスバーナーも念のため用意しておくと安心だ。コンパクトで持ち運びやすいし、万が一火が起きないときでも、これがあれば素早く簡単に調理ができる。

**ライター**

これも都会ならどこにでも売っている点火道具のひとつ。自然の中にいくとこのありがたさに気が付く

**マッチ**

昔ながらの点火道具。濡れてしまうと使えないので管理に気を使う。残念ながら、最近では売っていない店も多い

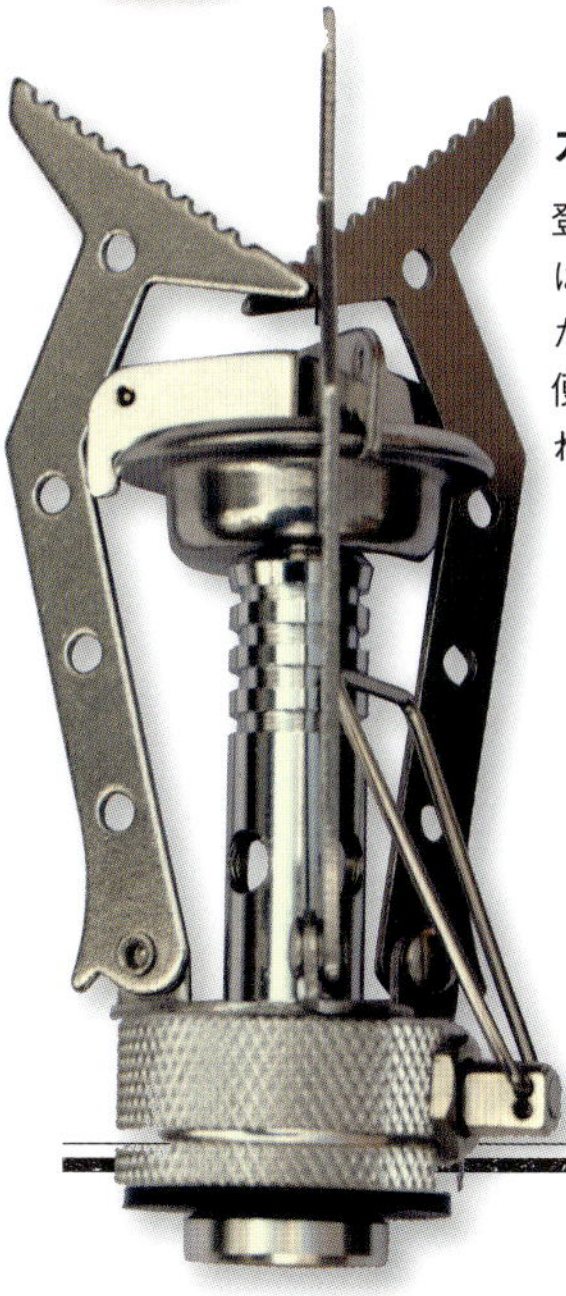

**ガスバーナー**

登山用のガスバーナーは、手早く湯を沸かしたいときなどはとても便利。非常用に車に入れておくといい

**ネイチャーストーブ**

小枝やマツボックリなどを燃料とする調理道具。コンパクトに持ち運べ、少ない燃料で効率的に調理できる。片付けが楽でいい

# 自分の着火セットを作っておく

## 絶対に濡らしてはならない

いざ着火、というときに慌てないように、着火用の道具をまとめてセットを作っておくといい。

着火セットに最低限必要なものは3点。まず点火するもの、着火材、そしてそれらを濡らさないように持ち運ぶための容器となる。それぞれ何を選ぶかは、自分次第なので、まずは一通り挑戦してみて、どんな着火スタイルが自分に合っているかを知ろう。

例えば、私の場合はマッチが好きだ。それもアウトドア用の防水マッチなどではなく、昔ながらの箱に入った普通のマッチである。なぜなら、着火材がなくても10秒程度炎が上がってくれるので、着火材が少々雑なものでも火が付きやすいからである。それにどことなく趣もある。

あるいは、メタルマッチにこだわるというのも楽しいだろう。多少の苦労はするとしても、ライターやマッチは使わず、マグネシウムの棒を削って火花を散らし点火するメタルマッチだけを使うというのも格好いいではないか。

ただ、気をつけておくべきなのは、点火するものと着火材とのマッチングだろう。例えば、私のようにマッチとスギの枯葉であれば、それだけで簡単に火をつけることができるが、メタルマッチとなると、火口となる何かがないと、着火するのは難しい。点火方法と着火材それぞれの相性をよく知って、最適な組み合わせを選ぶようにする必要がある。

ちなみに、こうしたことは知識として調べて覚えるだけではなく、ぜひ実際の体験として覚えてもらいたい。どの点火方法にどの着火材が適しているのか、いろいろと実験してみるのも楽しいのではないだろうか。

点火用のメタルマッチ。濡れても水を拭き取ればすぐに使うことができるので持っている
普段よく使うのが、このマッチ。湿気に弱いので、こうしてビニール袋に入れて持ち運ぶ
SAFETY MATCHES
UKIWA KAMOME
ガムテームとワセリンをコットンボールでくるんだもの。雨など火が付きにくいとき用の着火材
ライター。マッチのほうが使い勝手がいいので、あまり使うことはないが、一応持っている
チャークロス。原始的な弓錐式火起こしやメタルマッチで着火するときに。作り方はP.150参照
ティンダー（火口）として定番の麻ヒモも持っている。これをほぐし、フワッとさせた状態で使う
マツの木の樹脂が固まっている部分を採取したもの。ピッチスティックといって、火持ちがいい
セイタカアワダチソウの花を乾燥させたもの。これもティンダー（火口）として使うことができる

# 食の道具

## 最小限のものを選んで持って行く

食べるための道具を考えると、まず調理するための何らかの鍋やクッカーがひとつ。そして器となるものがひとつ（どうしてもおかずとご飯用それぞれが欲しければふたつ）、それから、飲み物用のカップ、そして食べるための箸かスプーン。それくらいだろう。これを基準にして、フライパンを足すなど、好みでプラスマイナスすればいいと思う。

一番道具が少ないパターンは、クッカーひとつだろう。まず、クッカーで料理をし、それをそのまま食器として使う。料理をき

**ウォーターボトル**

ペットボトルの水をもっていくなら不要だが、水を汲んで保管するためにはこうしたボトルがあると便利

**コッヘル**

食器として使えれば何でもいい。コッヘルならば、直接火にかけることもできる。必要ないと思えば、持っていかなくともいい

**マグカップ**

飲み物用のカップ。割れにくいステンレス製やチタン製がいい。お酒を飲みたい人には必ず必要なもの

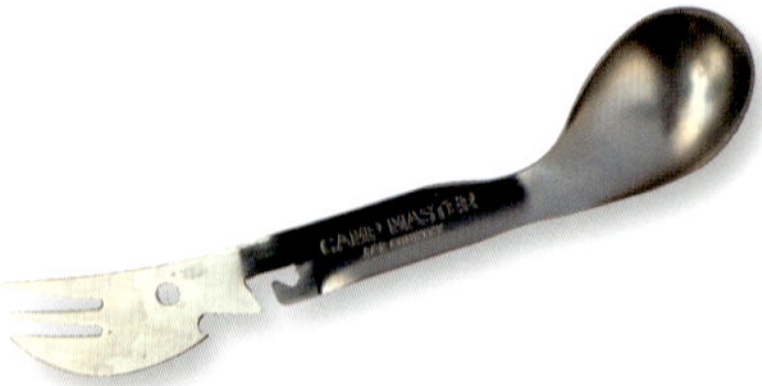

**カトラリー**

食べるための道具を何か一種類。箸かフォークかスプーンか。また、写真のようにフォークとスプーンが一体になったものもある

れいに食べ終えたら、それを洗う作業も兼ねて食後のコーヒーやお茶を同じクッカーで作ってしまう。道具を最小限に抑えたいブッシュクラフターの中には、こうする人も少なくないし、私もこのスタイルでやることが多い。道具の少なさこそがブッシュクラフトの醍醐味だと考える人は、箸やスプーンも使わずに、ナイフと手だけで料理を食べるなんていうのもワイルドでいいと思う。

ただ、おいしいものを贅沢に食べて楽しむという人もいるので、そういう人は道具を充実させてデラックスに食事を楽しめばいい。そこには何のルールもないので、自分の好きなスタイルを確立していくのが一番だ。

**クッカー**

料理をするための鍋。焚き火の上からぶら下げて料理をするなら、ハンドルが上にくるものを選ばなくてはならない

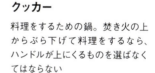

# 寝具

## 気持ち良い睡眠のために

いくらアウトドアで寝るといっても、ぐっすり快適に眠りたい。そのための道具はしっかりと準備しておこう。

持参するとかなり便利なのは、マットである。寒いとき地面からの冷気はことのほか体に染みるので、できれば安価な銀マットではなく、断熱性が高い登山やキャンプ専用のものを用意したい。

安眠を妨害する主な要素を挙げると、冬は寒さ、夏は暑さと蚊などの虫である。このうち、寒さについては専用のマットと冬用のシュラフがあれば防ぐことができ

**シュラフ**

3シーズン用、冬用など、いくつかのタイプを気温に合わせて使い分ける。特に冬は厚手の暖かいものが快適

**シュラフカバー**

タープを張らないときなどは、シュラフが夜露で濡れないよう、防水透湿性が高いシュラフカバーを使う。夏場はこれ1枚でも眠れる

**マット**

寝袋の下に敷くマット。サーマレスト社製のものを使っている。この下に大きめの銀マットを敷くこともある

る。シュラフを使わず、ブランケットだけで過ごす場合も、保温性が高いブランケットを使えば、何とか夜を過ごせるだろう。

夏の蚊については、私はカトマ社のポップアップ式のメッシュシェルターを愛用している。これは勝手に開いて簡単に設営できる便利モノで、この中にシュラフを入れて眠る。メッシュ仕様で涼しく、虫も入ってこないので実に快適だ。

また、夏は蚊帳付きハンモックも気持ちいい。背中が地面につかないので涼しく、虫も防ぐことができる。テレビなどで、ジャングルに暮らす人々がハンモックで寝ているのをよく見るが、それはやはり最も快適だからなのだと思う。

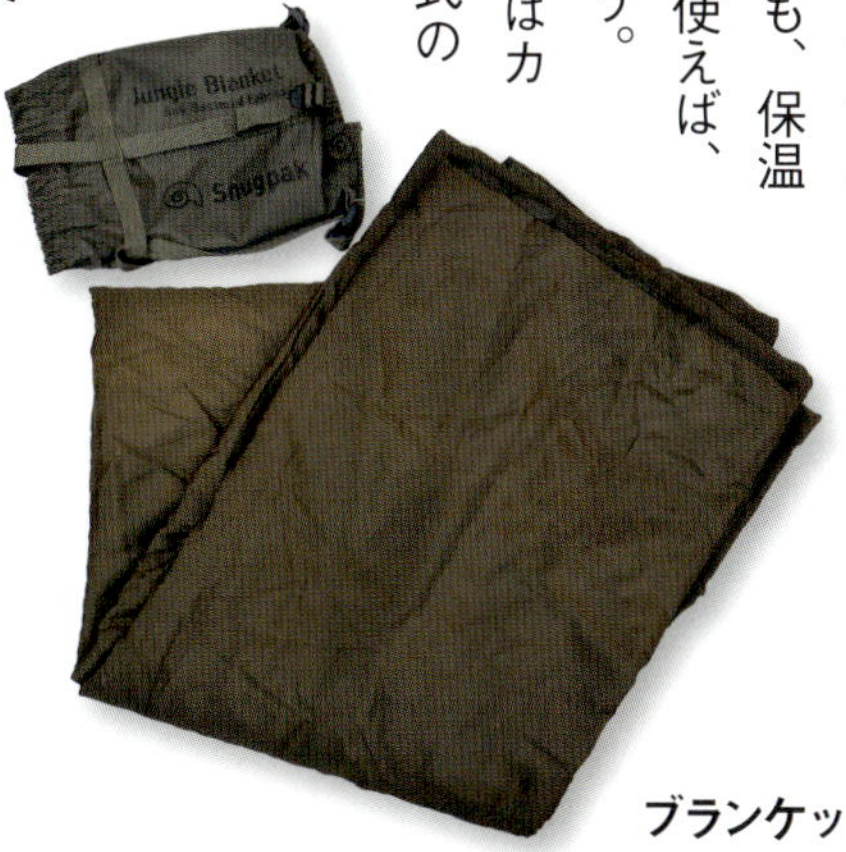

**ハンモック**

ハンモックは、揺れが心地いい。これはメッシュシェルターとタープが一体になっていて雨や虫を防いでくれる。ヘネシーハンモック社の製品

**ブランケット**

寝袋を使わずブランケットで眠る人もいる。これは、抗菌作用を持つ生地を使ったスナグパックのブランケット。ウール製も人気だ

**メッシュシェルター**

ベルトを外してポイと投げると勝手に開く、便利な軍用テントを蚊帳代わりに使用。アウトドア用の蚊帳は他にも販売されている

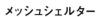

# その他の道具

## 自分のスタイルに合わせて選ぶ

必ずしも必要ではないが、持っておくと便利なものもある。ただし、そういったものがあまり多すぎると、あるものでなんとかするというブッシュクラフトの楽しさが損なわれてしまうこともあるので、バランスが難しい。

例えば、ノコギリやダイビングナイフ。

当たり前だが、ノコギリは木を伐るときに便利。ナタやアックスでも作業はできるが、やはり専門の道具ならではの使いやすさがある。また、ダイビングナイフは、火床作りなど、地面を掘るときに

**グローブ**

私は冬の防寒目的として以外あまり使わないが、作業をするときに手を保護する手袋を持っていってもいい

**ザック**

ザックも、荷物の量によっていくつかの種類を使い分ける。これは荷物を効率よくまとめられるマックスペディションのザック

よく使う。刃は付いておらず、ツルハシのようにして使うのだが、頑丈なので石ころだらけの地面でも気兼ねなく使えるのだ。

また、ヘッドライトも持っておくといいかもしれない。夜トイレにいきたくなって起きたときなどには、光がないと心細い思いをするからだ。光量はそれほど大きいものでなくていいので、ひとつ持っておくといいだろう。

あとは、森を歩くのであれば当然コンパスや地図が必要になるだろうし、水を現地調達するのであれば、浄水器も必要になる。自分がどんなブッシュクラフトを楽しむかによって、持っていく道具の取捨選択を行えばいい。回を重ねるうちに、自分のスタイルが確立されていくはずだ。

**ノコギリ**

太い木も扱え、切りたい場所で真っすぐ伐ることができて非常に便利。折り畳み式のものなら比較的コンパクトに持ち運べる

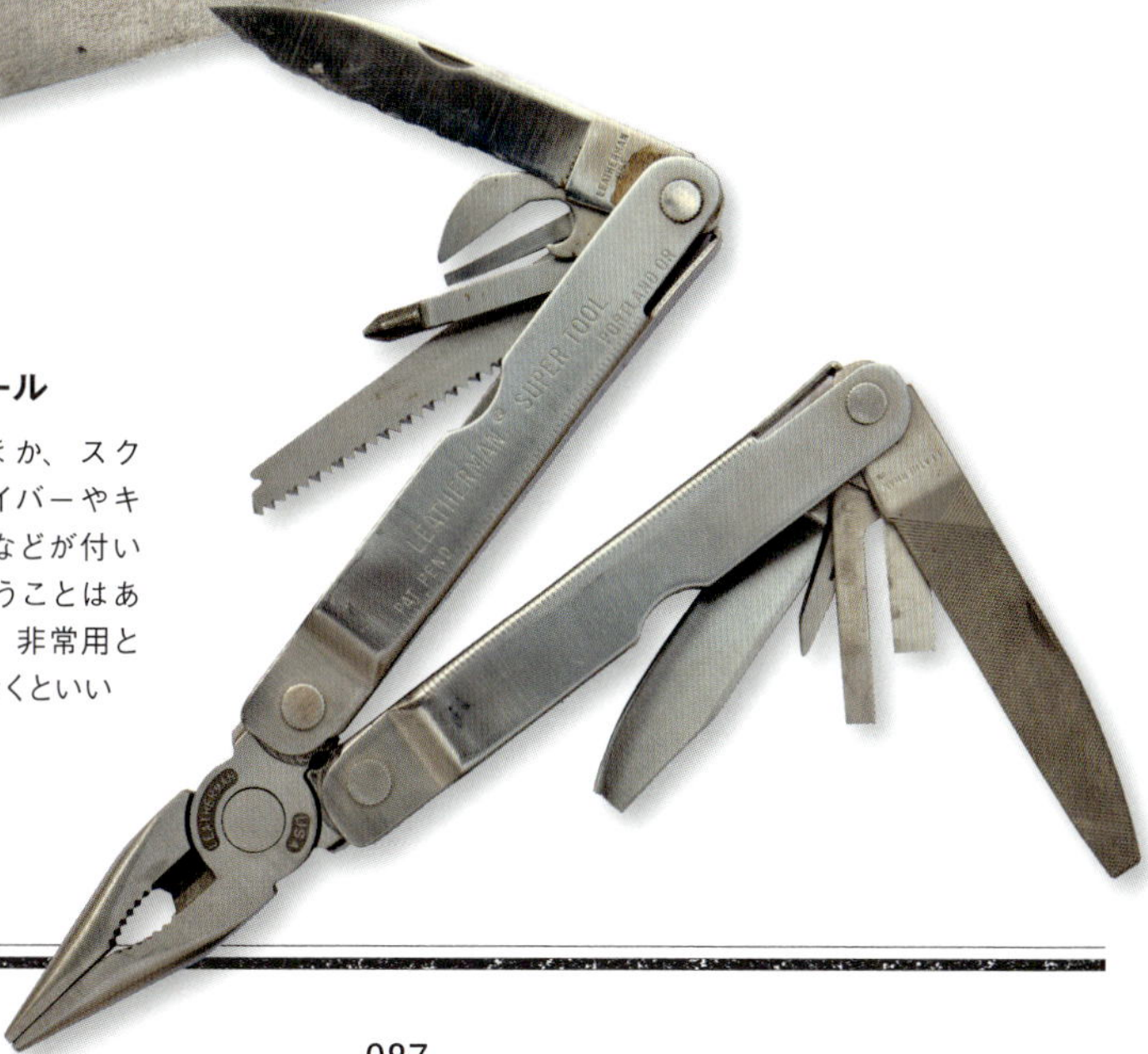


**マルチツール**

ナイフのほか、スクリュードライバーやキリ、ペンチなどが付いている。使うことはあまりないが、非常用として持っておくといい

### ダイビングナイフ

地面を掘るときに使用している。石が多くて硬い地面でも、ザクザク刺して掘り返すことができるので、非常に重宝する

### 携帯スコップ

大きく深い穴を掘りたいときや、時間に制限があるときにはスコップも使用する。折り畳めるものなら、持ち運びやすい

### コンパス

太陽を見るなど原始的なナビゲーション技術を用いるとしても、正確な方向を確認できるよう持っておく

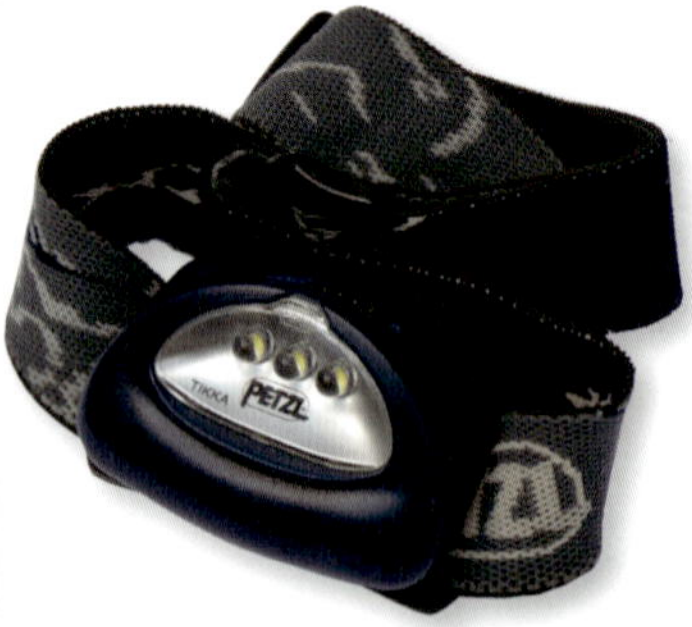

### ライト類

頭に付けるヘッドライトタイプと手に持つフラッシュライトタイプがあるといい。写真のようにランタンのように使えるものもある

### ファーストエイドキット

万が一ケガをしたときのことを考え、応急処置用の医療具をまとめている。内容については P.240 で詳しく説明している

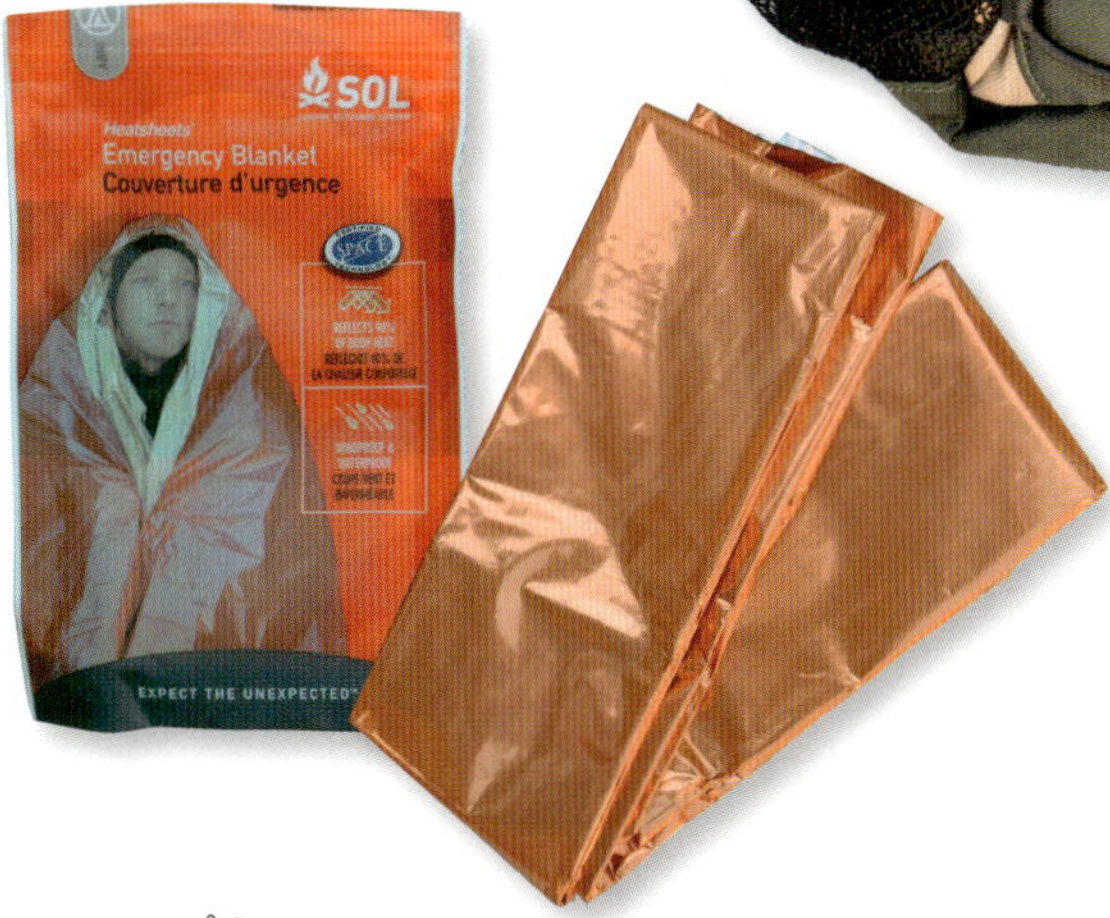


### エマージェンシーブランケット

薄くて軽いシートだが、体温を逃さず体を冷えから守ってくれる。小さく軽いので、非常用に一枚持っておくといいだろう

### シャープナー

ナイフやナタの切れ味が落ちた、と感じたときに研ぐためのシャープナー。携帯用のものなら、現場で素早く研げる

### 浄水器

重量 90g と軽量コンパクトな携帯用浄水器をバッグに入れている。ストローを付けて直接川などから水を飲むこともできる

# ウエアについて

## ルールはない。リラックスできるものを選ぼう

ブッシュクラフトにおいて、着る物に関して大きなルールはないと私は考えている。あるとしても、汚れてもいいこと、動きやすいことくらいだ。それが例えば着古したジーンズでも構わない。

もちろん、最新のアウトドアウエアを着るのもいいと思う。しかし、私が大切にしたいのは自然との距離感だ。私は、自分の服装は少々頼りないくらいでちょうどいいと思っている。なぜなら、それが夜に寒さを感じて焚き火を欲したり、ベッドも落ち葉をたっぷり使って暖かくしたくなるなど、自然の力を借りるきっかけになるからだ。自分の服装がしっかりしていないからこそ、自然との距離が近くなるし、それだけ工夫を凝らさなくてはならなくなって技術も向上する。それこそがブッシュクラフトの醍醐味だと思うのだ。

私がよく着るのは、着心地が良いコットン素材の服だ。濡れると乾きにくく、一気に体を冷やしてしまうコットンは、アウトドアウエアの素材としては「死の素材」として敬遠されているが、私は実際にこれで困ったことはない。

ただし、そうした素材の欠点を把握しておくというのは重要だし、私もバックアップとして化繊の下着はもっていくようにしている。また、ウエアリングの基本であるレイヤリング（重ね着）という考え方は知っておくべきだろう。

これは、保温のための下着、空気を滞留させるフリースなどの中間着、そしてそれらを外気や雨からシールドするアウターというように役割別にウエアを分け、その組み合わせにより体を快適に保つという考え方。下着だけでもアウトドア用のものにすると暖かさがだいぶ違うはずだ。

最新のアウトドアウエアにする必要はなく、快適なものを選べばいいと思う。私はコットン素材のものを愛用している

CHAPTER 3

# シェルターを作る

Setting up shelter

# ロケーションに必要な3要素

## 温度、安全、材料がキーワード

シェルターのロケーションを決めるにあたっては、適切な温度が得られること、安全であること、材料が近くにあることという3つのポイントから考える。

まず、温度について。冬であれば当然暖かい場所がいいのだが、具体的にその条件を挙げると、例えば日当たりがよく、乾いていて、風に当たらない場所ということになる。となると、南向きの場所が良さそうだが、おすすめはそれより少し東側の東南向き。なぜなら一日の中でもっとも寒さを感じる朝方に、一番早く太陽の光を迎え入れられる向きだからだ。また、冬の風は北から吹くことが多い。そう考えると、北側が山などでしっかりブロックされていて、東南側は開けているような場所が理想ということになる。また、この考えを応用すれば、夏も最適な場所を見つけることができるはずだ。

もちろん、安全であることも重要だ。自然災害や危険な動物には十分注意すべきである。また、材料となる木や水場が近くにあるというのも条件になる。ただし、水場のすぐそばは虫が多く湿気も多

### 必要な3要素

**温度**

ブッシュクラフトでは片面が空いたオープンタイプのシェルターが普通。しかし、それだけ風通しもいいということなので、設置場所を選ぶにあたっては、一層の注意が必要だ

**安全**

自然災害の恐れがある場所、危険な動物のサインがある場所は避ける。だが、動物が休むような場所こそ快適な場所であるという考え方もあるので、各自判断してほしい

**材料**

ブッシュクラフトならではの条件だが、シェルターなどを作るための枝や落ち葉などがある場所を選びたい。また、水を現地調達するならば、水場の近くであることも重要だ

# 選んではいけない場所

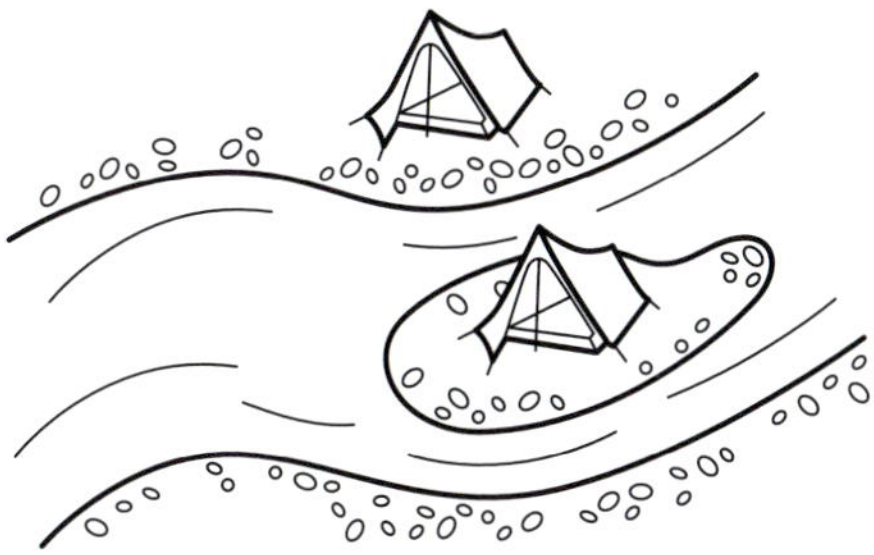

### 増水の危険がある場所

川の岸近くや中州などにシェルターを設けると、急な雨で増水し取り残される危険がある。そもそも、川岸は夏は虫が多いし、冬は冷えやすいため、避けるべき場所といわれている

### 折れやすい枝の下

意外に多いのがこの事故だ。森でしばらく過ごすとわかるが、枯れ枝は頻繁に落ちてくるものだ。太いものだと重大な事故にもなりかねないので、設営前に近くに枯れ枝、枯れ木がないか確認する

### 強風が吹くところ

山の稜線や小高い丘の上などは、見晴らしはいいかもしれないが風が吹きやすい。設営するときは無風だとしても、天候が変化して風が強くなることも少なくない。また、落雷も怖い

### 落石の危険があるところ

崖の下などは、風が当たりにくく心理的にも安心感が得られて過ごしやすいように思えるが、落石や土砂崩れが起きる可能性がある。こうした場所にシェルターを作るのは避けなければならない

# シェルターのレイアウト

## 快適な住空間をつくる

ここでは、シェルター、焚き火、調理スペースなど各要素の配置を考えてみたい。

まず、シェルターと焚き火の位置関係である。ブッシュクラフトでは、シェルターの中で焚き火にあたりながら作業をするという時間が長くなる。よって、座る場所は最も快適な焚き火の正面にするといいだろう。焚き火との距離は1歩、すなわち座った足元から70〜80㎝くらいのところに焚き火の縁がくるくらいが安全面を考えると適当だ。

シェルターの中で寝床をどのあたりに設けるかというのも大切である。もし、単体で十分暖かいシュラフを使うとするならば、焚き火との距離をそれほど近くする必要はないので、風が当たらない奥の方に配置するのが普通である。むしろ、火の粉が飛んでシュラフに穴が空かぬよう遠目にする配慮も必要だろう。

だが、寝袋を使わないなど、焚き火の熱が必要ということであれば、反対に寝床を焚き火の近くに持っていくようにすべきである。

それから、私の場合は座った場所の右手側にザックを置くことにしている。右利きなので、こちらに置いている方が道具を取り出しやすいからだ。また、薪もこちら側に置いておくのが好きだ。

荷物を置くときは、シートや防虫効果があるとされるサワラやヒノキの青葉を下に敷く。これは、バッグの汚れを防ぐためでも、虫が入るのを防ぐためでもある。また、枝を挿してぶら下げるというのもいい方法だろう。

一方、左側は主に作業スペースや調理スペースとして利用する。ナイフやアックスなど、よく使う道具を置く場所もこちらである。

焚き火、タープ、寝床の距離、そして道具を置く場所などのバランスが大切だ

## シェルター周辺のレイアウト

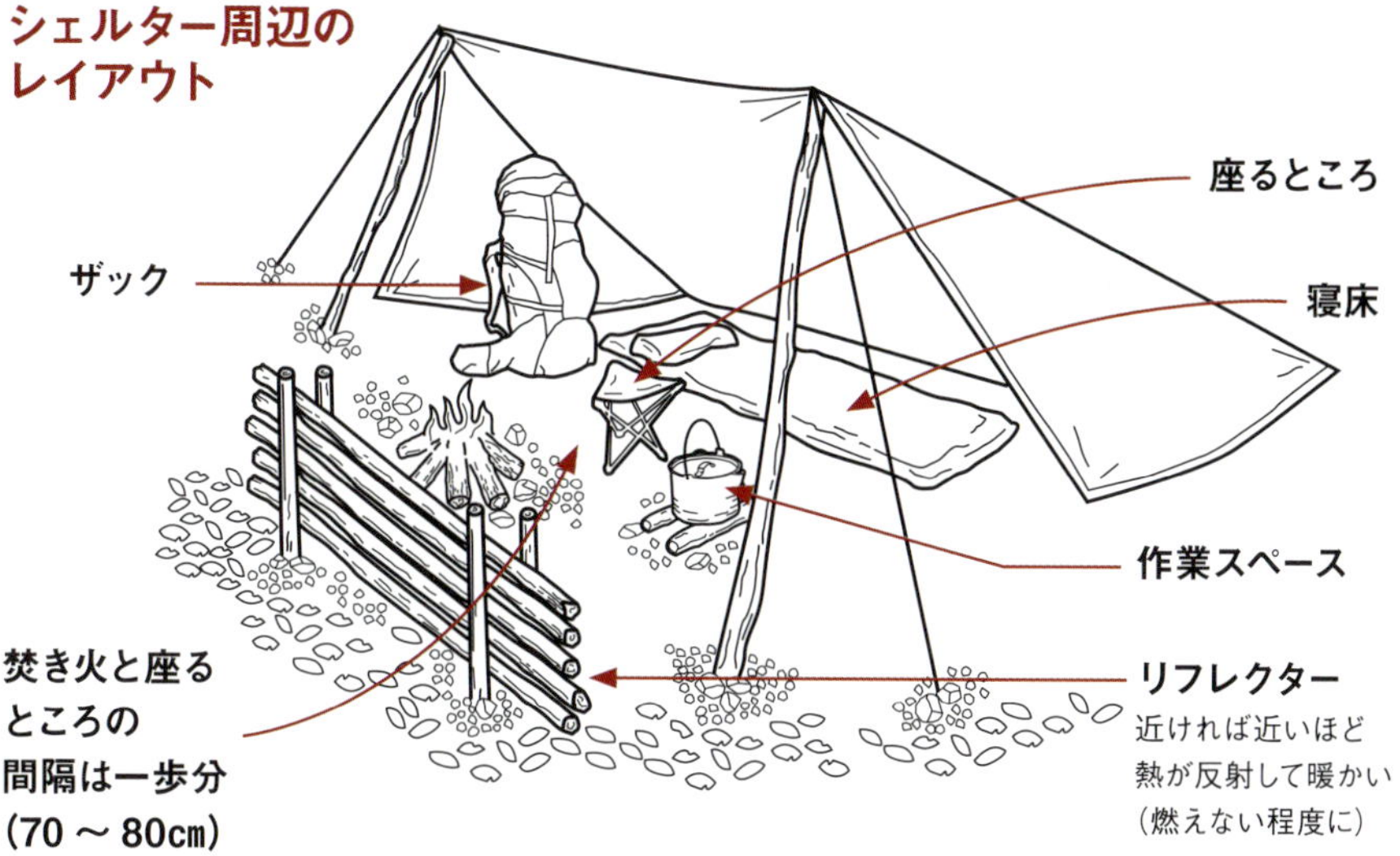


どんな張り方にも言えるが、間口は風下に向くように設置する

# シェルターの種類

## 簡易的なものから手作りのものまで

シェルターを使う素材で分類すると、タープを使うタープシェルターと、自然素材で作るナチュラルシェルターとに分けられる。タープシェルターは、比較的簡単に設営できる人気のスタイル。初心者であれば、まずこれから始めるのが賢明だ。また、前に述べたように、初めはブルーシートを使ってみるといいだろう。

ナチュラルシェルターは、設営に時間がかかるが、まさにブッシュクラフト的でワイルドな雰囲気が味わえる。一泊や二泊ではなく、長期キャンプにおすすめだ。

### タープを使って作る

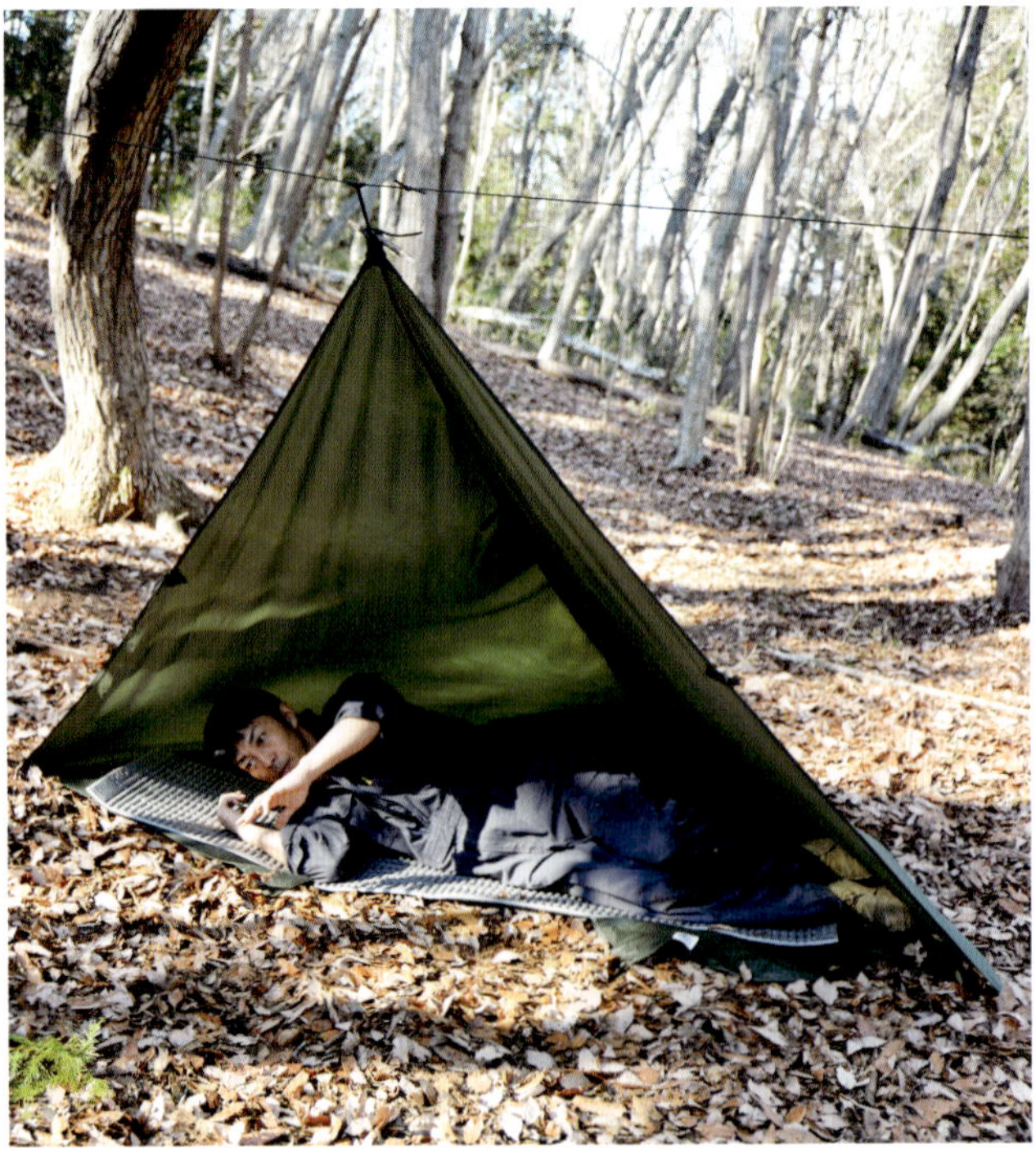

最も一般的なのが、タープを使うシンプルなシェルター。タープとパラコードだけでも立派なシェルターを作り出すことができる

**自然素材を使って作る**　木の枝や落ち葉などを使い、ほぼ自然素材だけで作るナチュラルシェルター。時間があるとき向けだが、ワイルドな雰囲気を楽しめる

**ブルーシートでも作れる**　十分な機能を持ちながら、安価で焚き火で穴があいてしまってもショックが少ないブルーシートは、初心者にぴったりのシェルター素材だ

# シェルター作りのテクニック

## タープを使いこなす

　タープを使うシェルター作りには、ロープワークを始め、多くのテクニックが必要になる。何度も繰り返し張って、必要な技術を習得していこう。いつも同じ場所で張るのではなく、シチュエーションを変えて張るようにすると、応用力も身につくはずだ。

　タープを張る手順は、まず設営する位置を決めたら、実際にタープをそこに広げてみる。ペグを打つのに邪魔になるものがないか、平らな地面が確保できるかなどを確認したら、パラコードをグロメットに留め、もう一方をペグに結んで地面に固定していく。

　もし、パラコードを使わず、地面にタープを付ける箇所がある場合は、そこを先に留めてしまうと作業しやすい。そして、ポールを立てる部分は、ポールとタープをパラコードで一体化して固定しておくと、風にあおられて外れてしまうのを防げる。風に強く美しいシェルターにするためには、タープ全体に均等に張力がかかるように心掛けることだ。

　もしシェルター内が狭く感じられたら、中につっかえ棒のように柱を立てるか、もしくはタープの背中側からもう一本パラコードを伸ばし空間を広げてやろう。これだけでずっと快適になるはずだ。

　また、シェルター作りにはいくつかのロープワークも必要になる。P.70～77でで紹介しているツー・ハーフ・ヒッチやクローブ・ヒッチ、トートライン・ヒッチ、プルージックあたりは、必ず覚えておきたい結びだ。

　自然素材を使う工夫も覚えておいて損はない。ペグがなくとも竹や小枝を使えば現地で作れる。そう思えるだけでも、フィールドでの自由度が増すのだ。

## ペグは斜めに

ペグは真っすぐ打ち込むのではなく、20 ～ 30 度の角度をつけると保持力が高まる

## グロメットがないときは

欲しいところにグロメットがなければ、内側に小石を入れて結べばいい。てるてる坊主の頭の要領だ

## 枝を使う

パラコードをグロメットに留めるのに、こんな風に枝を使うこともできる

## トートライン・ヒッチをマスター

パラコードの張り具合を調節するために必ず覚えておきたい結び。自在結びの一種である

## タープとポールを一体化させる

ポールの木に滑り止めを刻み、パラコードをグロメットに通してから結ぶと、強風でも外れない

## 居住空間を広くする

屋根が低いと感じたら、内側につっかえ棒を立てるか、後ろからもう一本パラコードを張ってやる

# タープを使った差掛け型シェルター

## もっともシンプルなスタイル

最初に覚えるべき基本のシェルターとして紹介したいのが、タープを使う差掛け式のシェルターだ。シェルター作りのテクニックがひと通り使われているので練習に最適。これをマスターすれば、違うタイプも問題なく作れるはずだ。

詳しい作り方は次ページ以降で紹介するが、まずは全体の構造を説明しておこう。

このシェルターは、結んで長くしたパラコードをピンと張って家でいう棟とし、それにタープを被せるように張るというもの。棟となるパラコードは、手頃な樹木に結んでもいいし、ポールを立てて固定してもいい。今回は練習ということもあって、片方を樹木に結び、もう片方は二本のポールで固定ということにした。このパラコードがピンと張れないと、だらしのないシェルターになってしまうので気を付けよう。

手前の庇部分をどれだけ出すかは好みだが、雨が降るようなら長めにしておきたい。ただ、あまり長くして焚き火の上にかかってしまうと、焚き火の技術次第で焦げたり燃やしてしまうことがあるので注意が必要だ。

**必要な材料**

タープ、パラシュートコード、柱となる太めの枝×２、ペグにする細い竹

基本的な骨格はこのような感じ。二本の枝を組み合わせて支えを作り、立ち木との間にパラコードをピンと張る。そして、このうえにタープを差し掛けるというシンプルな構造だ

まずこの方式を覚えてしまえば、アイデア次第でいろいろと応用できるようになる。実際に張るときは、風向きや焚き火の位置なども考慮して高さ、向きを決めよう

# 手順

**1** 細い竹でペグを作る。地面に刺す側は斜めにカット、もう片方は節部分で切っておくと叩いたときに潰れにくい

**2** 二本の枝で支柱を作る。力がかかるところなので、あまり細いものは向かない。曲がり具合を見て、最も安定するような向きにする

**3** 組み合わせる向きが決まったら、短めのパラコードで結ぶ。強固な結びが必要なわけではないので、ぐるぐると巻いて蝶結びでOK

**4** 支柱を立てる位置を決める。高さは目線より少し上くらい。幅はタープの幅より少し長いくらいにしておく

**5** 支柱の安定感を高め、ズレるのを防ぐために、支柱の脚がくる部分の地面を少し掘る。掘るのには先を尖らせた枝や竹を使えばいい

**6** 2本の枝が交差する部分から、パラコードを1本伸ばし、ペグで地面に固定。結びはツー・ハーフ・ヒッチ（P.71）

**7** 支柱と木の間にパラコードを張り、棟を作る。木の幹が傷つかないように、タープの収納袋などを巻きつけておくといい

**8** 棟となるパラコードは、タープを掛けたときにたるまないよう、ピンと張りたいので、ロープテークル（P.73）という結びを使う

**9** タープを掛ける前に、パラコードがしっかり張られているか、支柱の脚は安定しているかをもう一度確認する

**10** パラコードにタープを掛けて、庇部分の出を決める。決定したら、タープの四隅のグロメットからパラコードを伸ばしペグを打つ

**11** ペグはこんな感じ。パラコードが滑って抜けてしまうようなら、竹のペグにVノッチ（P.50）を刻んで滑り止めを作る

**12** 完成。練習のために、例え日帰りでもタープを毎回張るように癖をつけるといいだろう。張れば張るほど上達するはずだ

# タープシェルターのバリエーション

## 1枚のタープを最大限利用する

タープシェルターのバリエーションは多いが、そのすべてを習得するのは大変だ。私がおすすめするのは、壁の数でバリエーションを考えるというものである。

英語だとワンサイド・シェルター、ツーサイド・シェルターと呼んだりもするが、一方向から雨風をしのぐもの、二方向からのもの、三方向からのもの、そして四方向というように分類するのだ。

そして、そのそれぞれに対し、ナチュラルシェルターとタープシェルターのふた通りずつが作れるようになれば完璧だ。

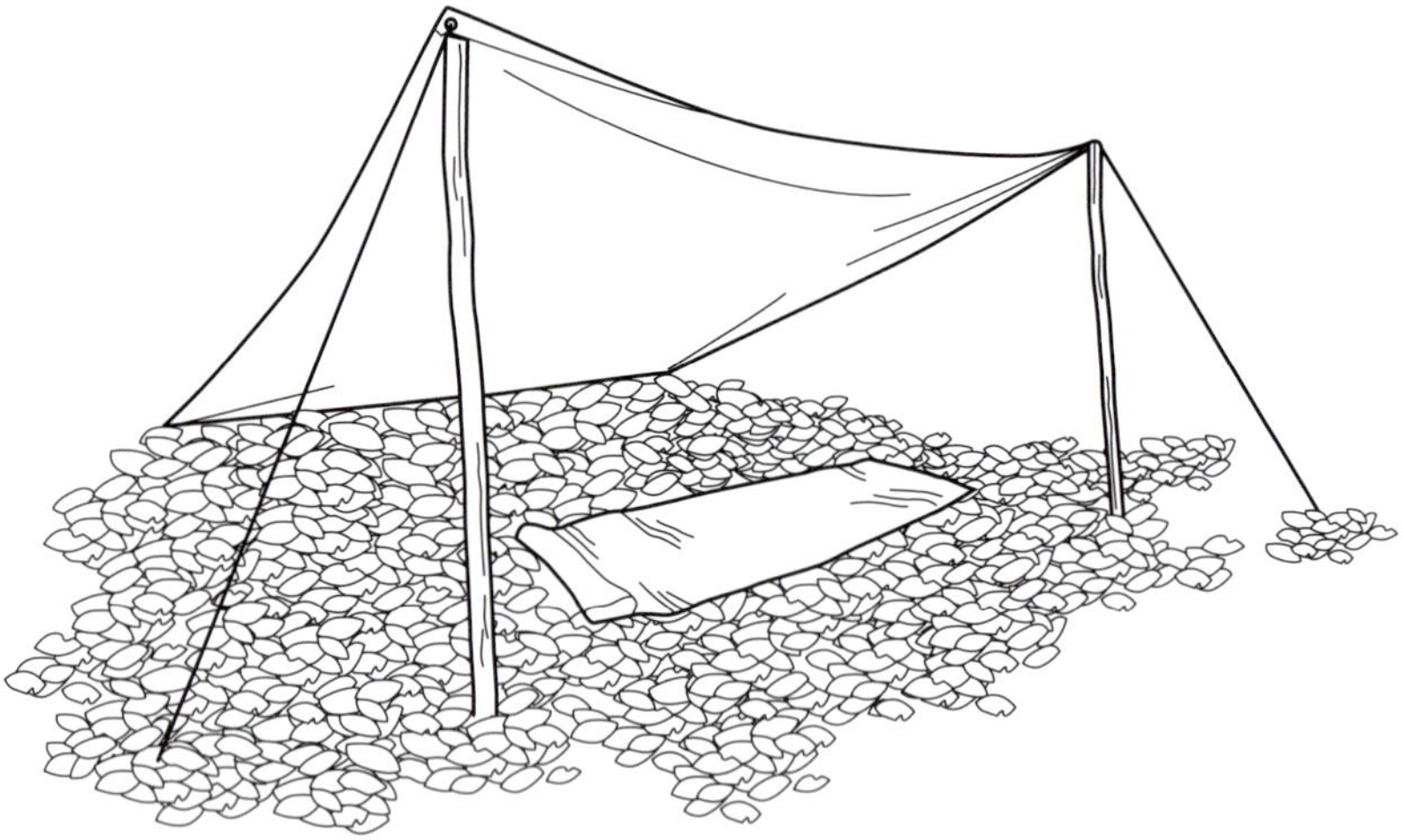

### シンプルな差掛け型

後方2箇所を直接地面にペグ留めし、前面に2本の柱を立てて作るワンサイド・シェルター。夜露をしのぐだけなら、これでも十分だ

## 柱2本で作るタイプ

後方2面からの雨風をしのぐツーサイド・シェルター。中央に柱があるので、焚き火がややしにくい

## 開口を低く広くしたタイプ

前方の左右にに柱を立て、三方向からの雨風をしのげるようにしたタイプ

# 雨風に強いテントタイプ

荒天時にも安心できるスリーサイド・シェルター。天井も高く、快適な居住性が得られる

1 四隅を地面にペグ留めし、柱を立てる。奥は寝床分として全幅の約 1/4 を内側に折り込んでいる。 2 柱の前のバタつく部分を後ろに折り返し、パラコードを伸ばしてペグ留めを行う。 3 内部の居住性を高めるために、背中側からもパラコードを伸ばす

## 柱をなくしたタイプ

木と木の間にパラコードを渡し、そこに頂点を結ぶことで柱をなくした開放的なシェルター

**1** 適当の木と木の間にパラコードを張る。たるみのないように張ること。 **2** 渡したパラコードにプルージックという結びで頂点となる部分を結ぶ。 **3** 後ろとサイドの3点を地面にペグ留め。写真のように、内側にタープを折り込んで床面を作ってもいい

# ナチュラルな差掛け型シェルター

## 木と落ち葉で作る自然のシェルター

タープで作るシェルターは手間と時間を大幅に軽減できるが、枝や落ち葉だけで作るナチュラルシェルターも私は大好きだ。

まず、雨が降ったときの静けさがいい。タープは雨が当たるとうるさく感じるが、落ち葉を屋根にすると、とても心地よい雨音が楽しめるのだ。また、落ち葉の層に焚き火の熱が滞留するのか、タープのシェルターより暖かく感じられる。そして結露もしない。何より、夜本当に心が落ち着くのだ。

皆さんも、この雰囲気を是非味わっていただきたい。

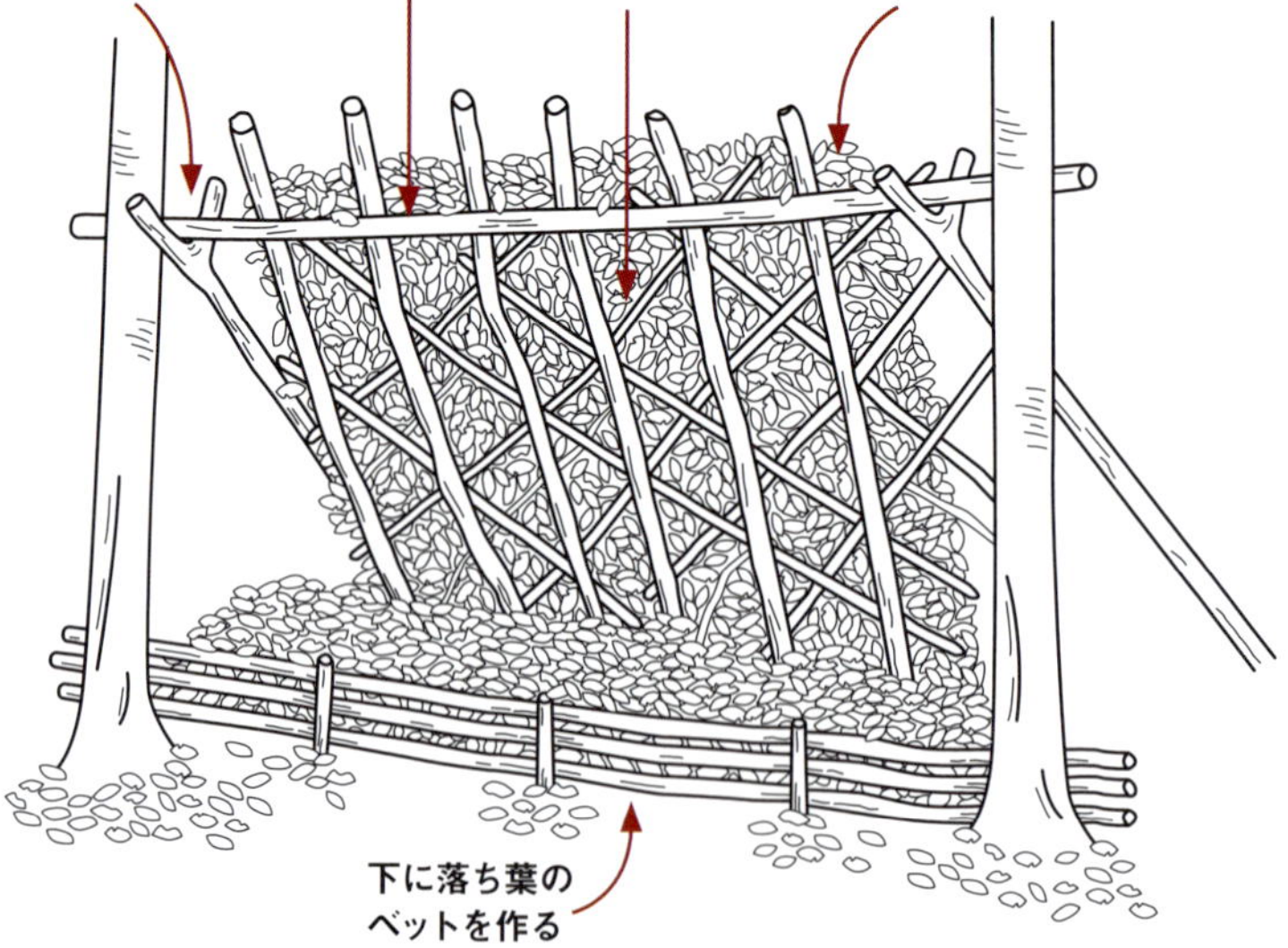


2本の木に1本木を渡して骨組みを作り、大量の落ち葉を積み重ねて屋根を作る

**必要な材料**

棟木となる長い枝1本、棟木を支える枝2本、落ち葉を支える枝6～10本ほど、落ち葉を支える小枝大量、落ち葉大量

時間があれば、こんな野趣に富むシェルターも作りたい。ここで一晩を過ごすと思うだけで、ワクワクしないだろうか

1 選んだ立ち木の幅より少し長い枝を棟にする。重量がかかるので硬いものを選ぶこと

2 先がＹ字型になった枝で支えるようにして、棟となる木を立ち木に固定する

3 落ち葉を支えるための骨組みを作る。まず少し太めの枝を立てかけていく

4 20～30㎝間隔で太めの枝を立て掛ける。枝が転がらないように座りのいい位置を探そう

5 その上に細めの枝を斜めに置いていく。崩れ落ちないように慎重に作業する

6 さらにもう少し細い枝も載せていく。まんべんなく枝が全体を覆うようにする

7 骨組みが完成。次はここに落ち葉を集めて乗せる。屋根の角度は45度くらいだ

8 落ち葉を集める。無駄な汗をかかないように、薄着になってから作業を始めよう

**9** 落ち葉を20㎝ほどの厚みで下から積み重ねていく。ギュッと押し固めるように

**10** 全体をブロック分けして順々に積むつもりで作業すると、厚さのムラができにくい

**11** 積み重ねた枝のおかげで、落ち葉は落ちてこない。これなら大丈夫だ

**12** 落ち葉を積み終えた状態。これぐらい厚ければ、雨が染み込んでくることもない

**13** 屋根の下にベッドを作る。手前に長い枝を置いてストッパーにし、落ち葉を積む

**14** さらに枝を置いて、杭を打ち込み固定。斜面でも平らなベッドを作ることができる

**15** 落ち葉を入れて押し固めるという作業を繰り返す。落ち葉が多いほど柔らかな寝床になる

**16** 時々寝転がってみると、体重で枯れ葉が押しつぶされて平らになる

# デブリハット

## 驚くほど暖かなナチュラルシェルター

デブリハットは、焚き火などの外的熱源を用いないで、自分の体温を逃がさないようにしてくれるシェルターで、火を起こす道具がないなどサバイバルな状態に陥った時には大いに役立つ。

落ち葉と体の間に空間がないようにするのが暖かくするコツで、上手な人が作ると、気温0℃くらいでも、入ると汗をかくぐらいの暖かなシェルターができる。

本当に寒いときには、入り口を狭くしてドアなどもつくり、風が入ってこないような工夫もしないと暖かく寝るのは難しい。

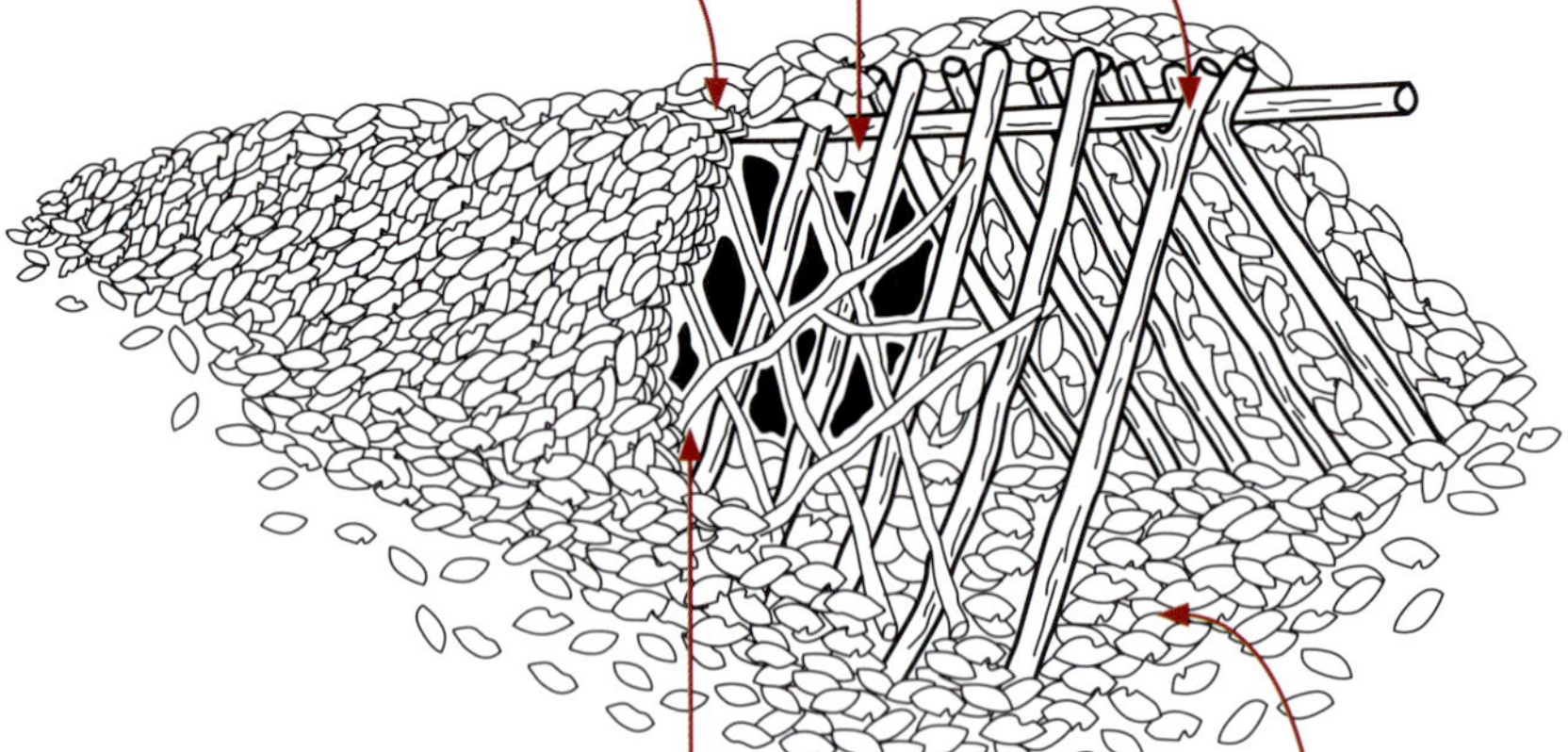

落ち葉の厚さは
20cm以上
棟木
Y字の枝で
棟木を支える
小枝を差掛けて
落ち葉を支える
中に落ち葉を
つめるとより暖か


1本の棟に左右から枝を立てかけ骨組みを作り、落ち葉で覆う。落ち葉から骨組みが出ているとそこを伝って雨水が入ってきてしまうので注意すること

**必要な材料**

棟木となる長い枝1本、棟木を支える枝2本、落ち葉を支える枝30本ほど、落ち葉を支える小枝大量、落ち葉大量

落ち葉だけでも驚くほど暖かく、葉をしっかり積めば、雨でも問題なく使える。非常用としても覚えておきたい

1 まずは落ち葉を大量に集めよう。急がずリラックスして疲れないように行うのがコツ

2 落ち葉は、体より少し広めに敷き詰める。実は、作る作業よりも材料集めの方が大変だ

3 サイズは、自分の体プラス手のひらを広げた分くらいの空間とイメージしておく

4 棟を支える木。先がＹ字型になっていて、ある程度太くて頑丈なものが望ましい

5 棟を立て掛ける。身長を超える長さがあり、まっすぐな枝を見つけられるかがポイント

6 実際に横たわってみて、サイズを確かめる。全身が収まるだけの長さが必要だ

7 このように、Ｙ字型の枝で棟となる長い枝を挟むようにして固定する

8 棟の足元は細い杭で固定。低すぎてつま先がぶつかるなら、石などの上に乗せて高くする

9 中径木を立てかけていく。片側だけに重量がかからぬよう、左右交互に作業するといい

10 立て掛ける木が長すぎると被せる落ち葉から出てしまうので、最適な長さにカットする

11 細い枝を斜めに置いていく。写真のように葉が付いているものでもいい

12 落ち葉を積み重ねる。集められる落ち葉の量にもよるが、20㎝くらいの厚みが欲しい

13 押し固めながら落ち葉を積んでいく。フカフカの羽毛布団でなく、重い布団をイメージ

14 中に入って横たわってみるとこのような感じになる。全面覆われていて安心感がある

15 密閉度を高めるために、入り口付近を狭くする。枝でフレームを作り、落ち葉を載せる

16 ほぼ完成。端から見ると落ち葉の山のようにしか見えないのだが、立派なシェルターだ

# 大人数用シェルター

## みんなで作れば楽しい

小さなシェルターを作りひとりで静かに過ごすのもいいが、ときには仲間と協力し合って、こんな大型シェルターを作るというのも楽しいのではないだろうか。

ここで紹介しているシェルターの基本的な構造は、トライポッド（三脚）をいくつか使って骨組みとなる枝を固定し、大量の落ち葉でそれを覆うというもの。上部が開いているので、中で焚き火をすることもできるというのが魅力だ。もし雨が心配なら、片側の屋根を長く伸ばして、反対側の屋根までかかるくらいにすればいい。

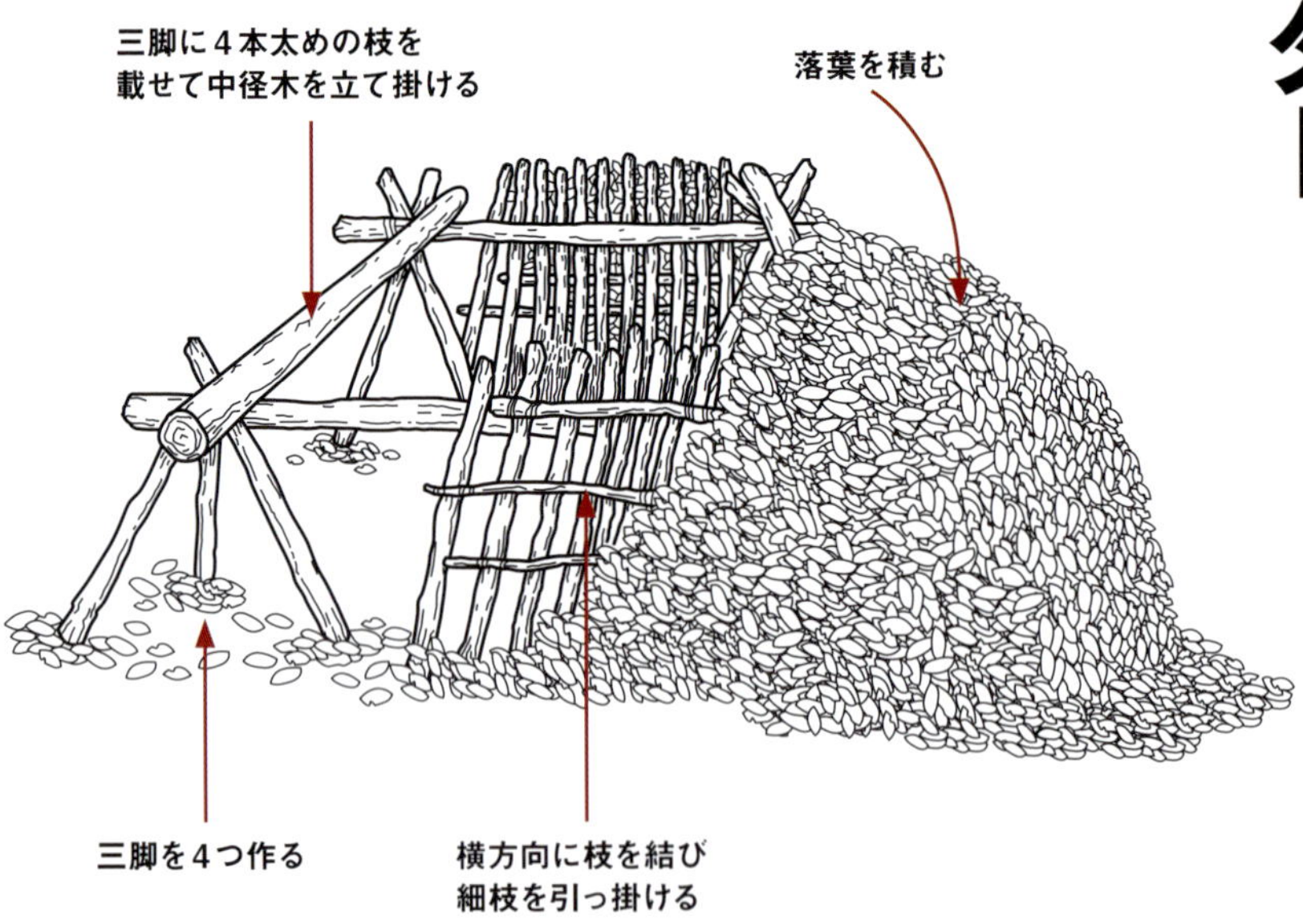
三脚に４本太めの枝を
載せて中径木を立て掛ける
落葉を積む
三脚を４つ作る
横方向に枝を結び
細枝を引っ掛ける

トライポッドを使用しているので、地面に枝が挿せない場所でも作ることができる。立木を利用するなど、工夫次第でほかの形もできるはずだ

**必要な材料**

三脚用の枝 12 本、枠となる枝 4 本、落ち葉を支える枝大量、落ち葉を支える小枝大量、落ち葉大量、横木を結ぶパラコード

最も苦労するのは、これだけ大量の枝と落ち葉を集めることだろう。だが、材料豊富な場所を選び、仲間同士で力を合わせれば、きっと素晴らしいシェルターができあがるはずだ

スペースがあって上部が開いているので、焚き火をすることもできる。シェルターの中で火が炊けるというのはとても嬉しいものだ。これなら、ちょっとした宴会もできてしまう

# ハンモックを使う

## 木さえあればどこにでも吊れる

ゆらゆらと非日常的な揺れが楽しめるハンモックを用いるのもいい。2本の木さえあれば簡単に設営できるので、寝床とは別に設けておいて休憩時に使うのにぴったりだし、もちろん夜を過ごしてもいい。その場合は、蚊帳とタープが組み合わさったものが便利だ。代表的な商品として、ヘネシーハンモックというのがある。

地面のコンディションを選ばないというのも長所だ。ただし、使える季節は夏に限られる。宙に浮いていて風にさらされるので、冬は中にマットを入れても寒い。

## ハンモックが役立つ場面

山の斜面など、通常のタープシェルターでは平らな床面が確保しにくいところでも、ハンモックなら何の問題もなく設営できる。また、設営スペースを取らないので、木が密集していてタープを張る広さがないような森の中のキャンプにも便利

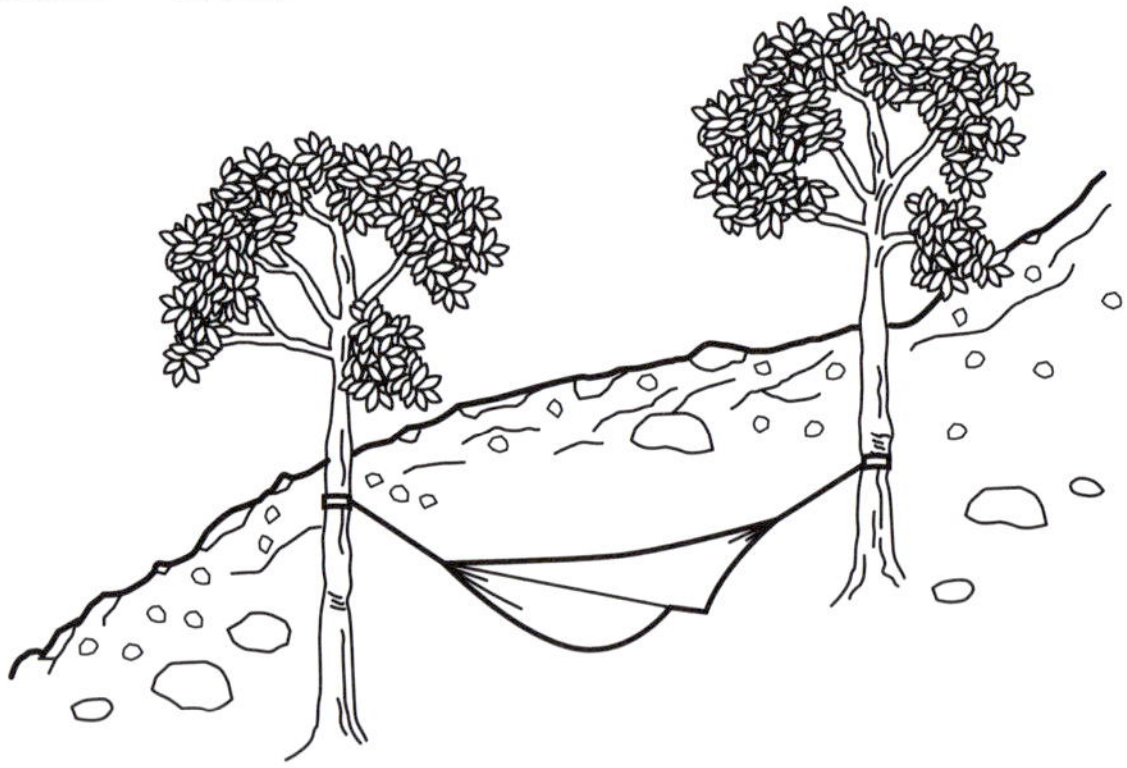

地面に水たまりがあったり、ぬかるんでいたりしてもOK。設営や撤収も地面に付けずにできるので、泥で汚れてしまうこともない。また、地面にいる虫に刺されないのもありがたい。ジャングルでハンモックが多用されるのもうなずける

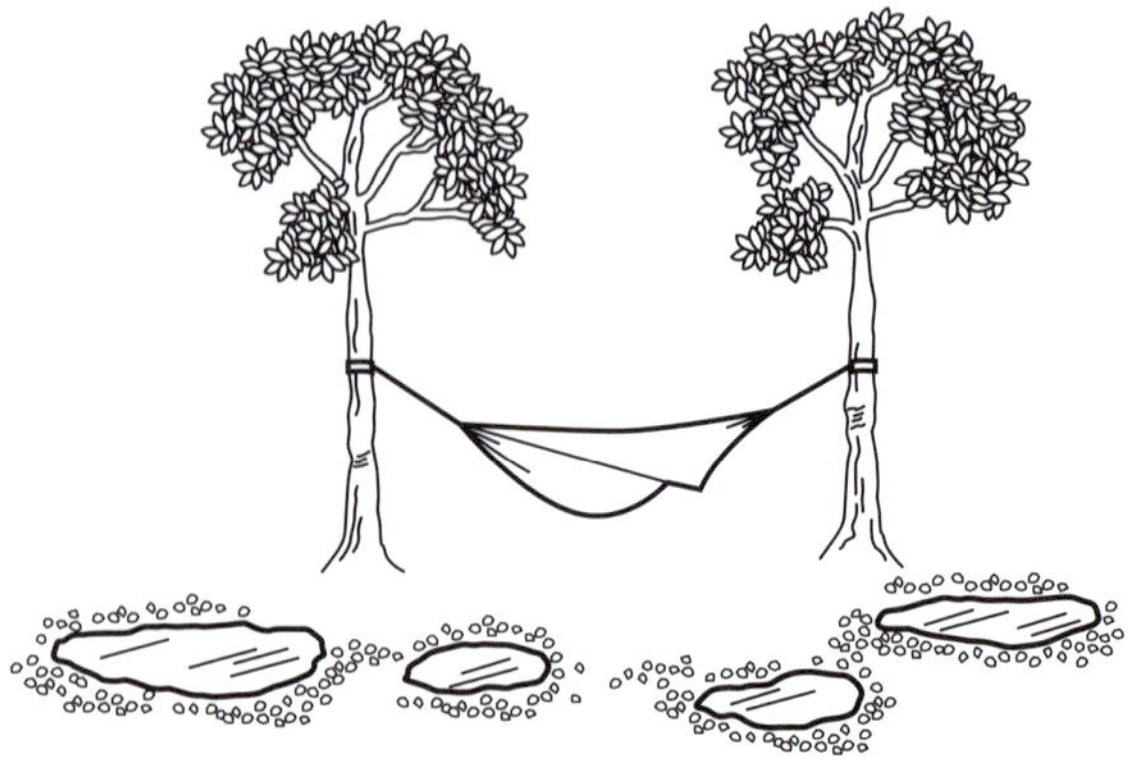

地面が凸凹だったりするときにありがたいのがハンモック。焚き火にあたれないのが残念だが、独特の揺れが心地いい

# 大地の上で眠る

## ブッシュクラフト的寝床とは

　ブッシュクラフトは、一般的なキャンプと比べるとより野性的な遊びだが、ぜひ野宿というものも試してみてほしい。

　この場合の野宿というのは、テントやタープを使わずに外で寝るということ。マット、シュラフ、そして冬ならそれにシュラフカバー、それだけで眠るのである。

　私がこれを初めて体験したのは、カナダの全寮制のアウトドアスクールで、雪山登山をしていたときである。天気のいい日、カナダのアウトドアマンたちがマットと雪山用の温かな寝袋をテントから持ち出して外で寝るということをやっていたので、私もそれを真似してやってみたのだ。

　そこはもう森林限界を超えた高度だったのだが、夜中に目が覚めたら、満天の星空が広がり本当に気持ちよかった。それからすっかり病みつきになり、日本でも、雪山でなくてもやるようになった。

　これに慣れてしまうと、テントを張る行為がとても面倒に思えてしまい、雨の心配がなければシェルターも作らず焚き火の脇で寝てしまうなんてことも多い。

　自然と自分の間を遮るものがないので、夜は森から色々な音が聞こえてくる。非日常的な感じがして、もしかしたら最初はあまりよく眠れないかもしれないが、それもいい体験ではないだろうか。

　ただ、これに適している季節は、秋から春まで。夏は蚊がいるので不快で眠れない。蚊の鬱陶しさは寒さより辛い。

　森の中でテント無しで寝ても大丈夫なものだということを理解しておくと、もし本当に道に迷ったときでも落ち着いて行動することができる。そのためにも野宿を一度は体験してみて欲しい。

テント泊に慣れている人なら、開放的なタープシェルターにするだけでも自然との距離がぐっと近づくはずだ。私はもうテントを張るのが面倒になってしまって、もう何年も張っていない

空の下で眠るのは気持ちいい。オレンジ色のシュラフカバーは、ソル社のエスケイプビヴィヴィという商品。本来非常時に使う簡易シュラフのようなものだが、軽量・コンパクトで透湿性もあり重宝している

# 雨を楽しむ

## 雨の日はリラックスして過ごす

ブッシュクラフトは自然の中で楽しむ遊びだけに、当然雨が降ってしまう場合もある。遊びなのだから無理をせず中止にするという選択をすることも多いだろうし、それも賢明な判断だとは思うが、雨には雨なりの楽しみ方がある。ここでは、悪天候にどう対応するかではなく、悪天候をどう楽しむかを考えてみよう。

雨が降っていたとしても、雨具とタープさえあれば何の問題もない。まずは、雨具を身につけて焚き火をタープの下に収めてしまうような、屋根の高いタープシェルターを作ろう。こういうときこそ腕の見せ所、できるだけスピーディに、可能なら2～3分でシェルターを完成させてしまいたい。

そしてシェルターを作ったら次は薪だ。濡れているもので我慢するしかないだろうが、周囲から手早く薪を集めよう。

シェルターを作り、薪さえ集めてしまえば、もう急ぐ必要はない。タープの下で雨具を脱いでじっくりと火を起こす。濡れている薪にどうやって火を付けてやろうかと考えるのも楽しいだろう。

雨が降っている中、自分の技術によって作ったシェルターに守られながら焚き火ができていると思うと、大きな自信を感じることができる。そこで湯を沸かし、コーヒーでも入れれば、途端に雨もいいものだなどと思えるものだ。

私のスクールの生徒さんたちを見ていると、雨の日タープの下で気持ちよさそうに深呼吸している人が多い。森林浴ならぬ、雨天浴をしているようである。ネイティブアメリカンの教えでも、雨は休息と浄化を与えてくれるものとされている。ときには雨の森へと出かけてみてはいかがだろうか。

もしタープの下に焚き火が収められなかったり、途中から雨に降られてしまったというときには、こうして焚き火の上に薪を並べてやるといい。火を大きくすることはできないが、火種を守ることはできる

## 雨の日にあると便利なイス

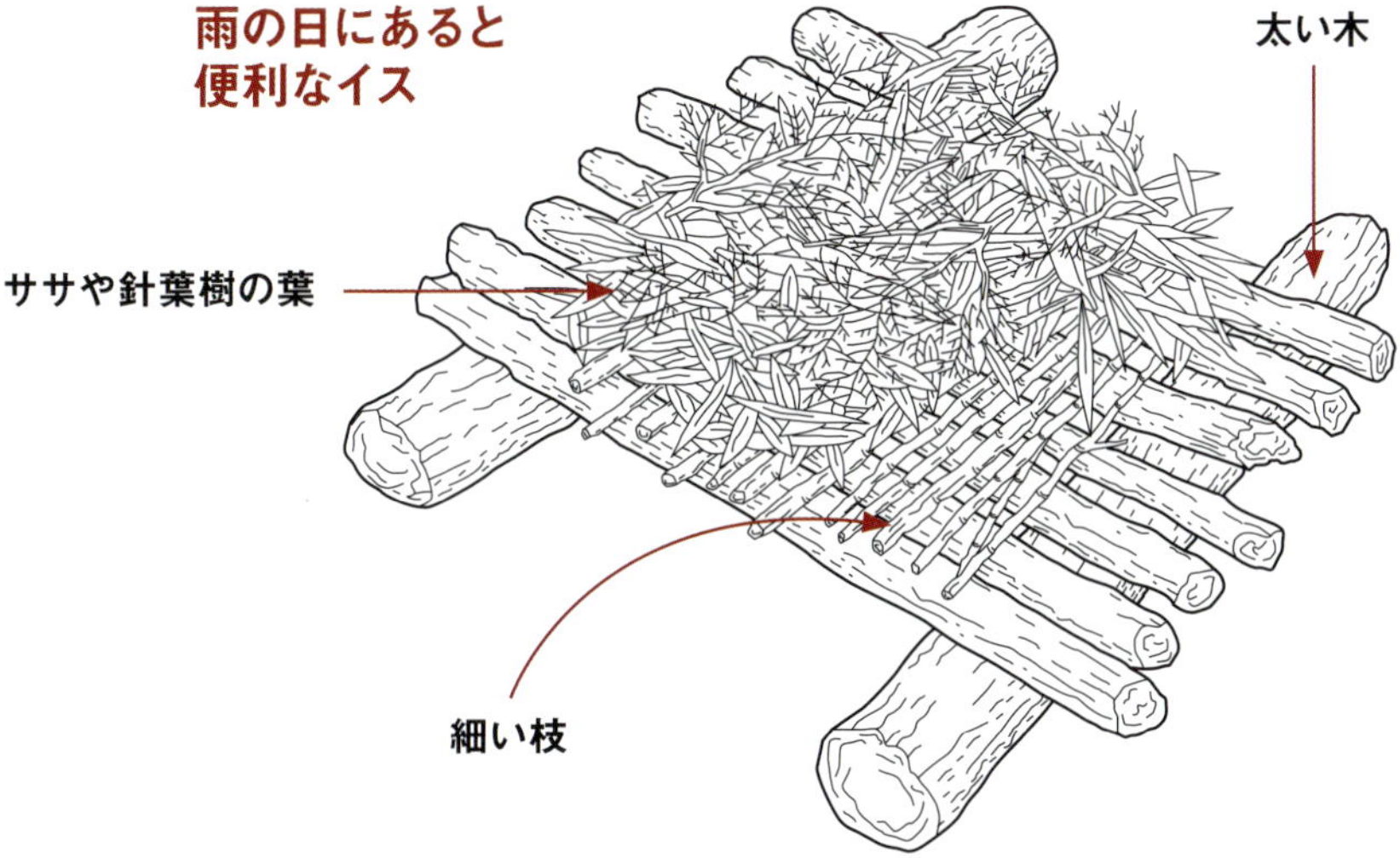


雨で地面が濡れていると、意外に困るのが座る場所だ。だが、こんな座イスがあれば地面に尻を付けずに済む。簡単に作れるし、クッション性もあって実に快適。これでシェルターの過ごしやすさが格段に高まる

夜焚き火の炎を見つめていると落ち着くものだが、そんな時にライトをつけると、ほのかな明るさに慣れた目も心も驚いてしまう。人工的な光というのは、場合によっては人間にストレスを与えてしまうものなのかもしれない

# 夜の灯りについて

## ライトなしで過ごしてみる

夜の暗闇の中で、灯りというのは非常に貴重なものだ。電池を使うような何かしらのライトを持っていくということは、安全面からも必要なことだと思う。

私がお勧めするのは、目線の先を照らしてくれるヘッドライトと手に握って好きなところを照らせるフラッシュライトをひとつずつ持っていくことである。

しかし、それは非常用と考えて、焚き火の灯りだけで夜を過ごしてみるというのもまたおつである。

私が学んだネイティブアメリカンの原始技術のスクールでは、夜は動かない時間であり、焚き火の光でできる作業以外はすべきではないと教えられた。ナイフを使うような作業は昼のうちに済ませ、日が沈むまでに必要な物全てを手元に用意しておく。それこそが一流のアウトドアマンなのである。

夜、焚き火の光を見つめてじっと過ごしていると（もちろんスマートフォンも触らない）、自然と頭と体が眠りにつく準備に入っていくのがわかる。自然のサイクルに従い、そのまま何時かもわからないまま眠りにつくと、とても快適な睡眠が得られるものだ。

CHAPTER 4

# 水を得る

Get watar

# 水を確保する

## 水がなければ生きられない

水分は人間にとってなくてはならないものである。前にも書いたが、サバイバル的な視点からいうと、水は体温の保持の次に重要なものと考えられている。

だが、日本という国は他に比べ水に恵まれていて、山に行けばどこでも川が流れているし、湧き水があることも珍しくない。地元の人に聞けば、湧き水がある場所を教えてくれることも多い。河川であれば上流に工場や民家がないか、また動物の死骸などがないかを調べる必要はあるが、フィールドで水に困るということは、あまりないと思っていいだろう。

それに、徒歩で移動することがあまりなければ、水を現地調達する必要もない。実際にブッシュクラフトを楽しむ人でも、ペットボトルに入った飲料用の水を持っていく人は多いだろう。

とはいえ、水場が見つからない、飲料に適さない水しか入手できないといった場面に遭遇することはあるかもしれない。対応策を考え、装備を整えておくことは決して無駄ではないと思う。

欧米のブッシュクラフターたちが必ずといっていいほど持っているのが、携帯用の浄水器である。P.89で紹介しているが、私もひとつコンパクトなものを持ち歩いている。浄水器は、できれば大腸菌を防げるものが望ましい。そして、浄水器を通した水をさらに煮沸殺菌すればなお安心である。

道具としては、沢などから水を汲むのに必要なボトルなどの器、煮沸殺菌するためのクッカーや鍋、また、殺菌した水を入れるためにもうひとつボトル類も必要になる。汲んだ元々の水を入れていたボトルに煮沸殺菌した水を戻しても意味がないので気を付けたい。

一見綺麗に見える水でも、上流に農薬を使う畑や人家、何らかの施設がある場合は、直接飲むのは避けるべきだ

# 水の入手方法

## フィールドから水を得る方法

実際にブッシュクラフトで使うかどうかは別にして、サバイバル的な知識として、フィールドから水を得る方法を紹介しておこう。

簡単なのは沢水を汲むという方法だ。ただし、そのまま飲むのは避け、煮沸殺菌するべきである。もし本当にサバイバル的な状況に陥っているときに水にあたってしまうということは、死を意味するといっても過言ではないのだ。

地面に含まれる水や海水など、何らかの水分を蒸留して真水を得るという方法もある。これも覚えておくといいが、時間と労力が必

### 沢水を汲む

山に行けばたいていある川の水をいただくのがもっとも確実で簡単、得られる量も多い。ただし汚染に注意。とくに北海道ではエキノコックスという感染すると死の危険もある寄生虫が確認されている。最低限煮沸消毒は必要だ

要な割には、ごく少量の水分しか得られない。あくまで非常用として考えたい。

それに対し、雨や夜露から得るという方法は効率がいい。問題はそれを集める方法だが、雨水であればタープをうまく使って集めたり、夜露であれば足に布を巻いて草原を歩き回って集めるといった方法が知られている。

また、生きた植物は内部に大量の水を含んでいることがある。有名なのがブナで、樹皮に切り込みを入れると水分が溢れ出てくるという話を聞くが、実際にはブナが生えているような場所には沢もあるものだ。わざわざブナを傷つけるような真似をしなくとも、近くにもっと効率良く水を集められる場所があるだろうと思っている。

## 蒸留させる

ペットボトルの下側を切り、内側に折り曲げて水分を蒸留する方法。応用すれば、海水の水も蒸留できる。熱源があるなら、海水を沸かしてその蒸気を集めるという方法もある。だが、莫大なエネルギーを使いながら得られる水分はわずかだ

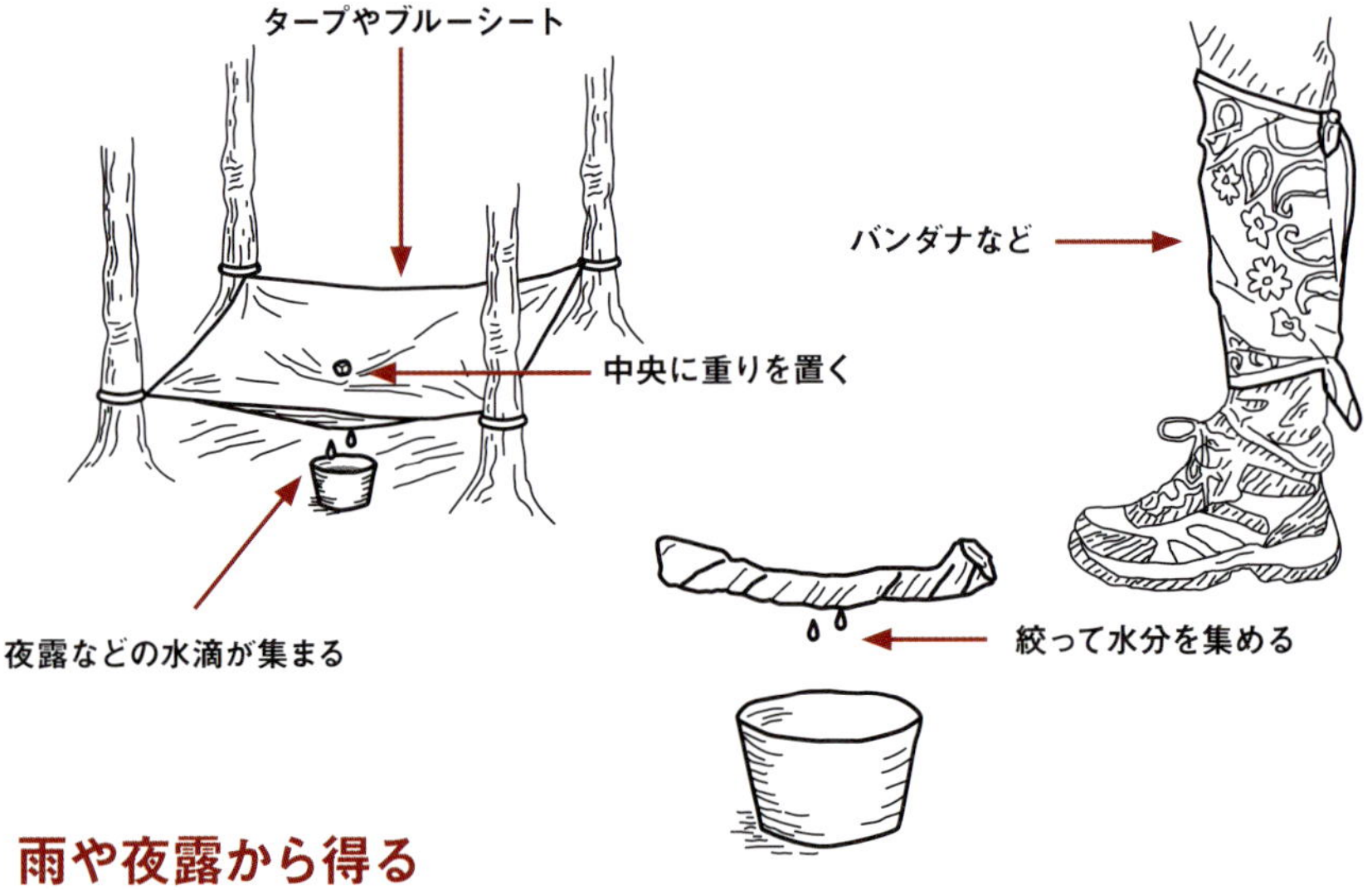


## 雨や夜露から得る

フィールドで濡れる原因のトップが雨と夜露。朝の草原は、少し歩くだけでも靴やズボンがびしょ濡れになる。膝から下ぐらいにバンダナやタオルを巻いて草原を歩けばその水分を効率良く集められる

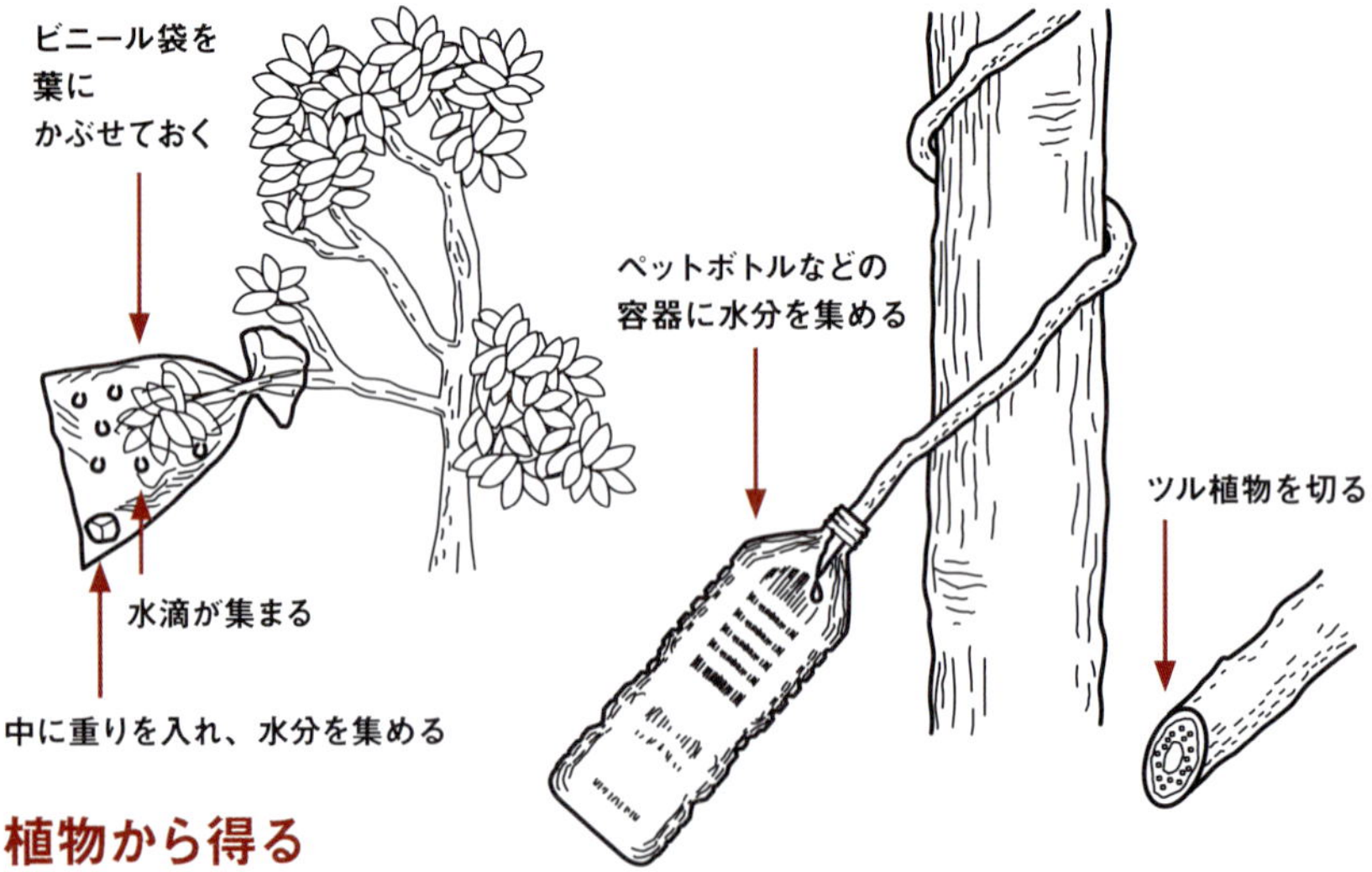


## 植物から得る

季節や場所によって大きく変わるが、食物のツルにそれなりの水分が含まれていることも多い。色が透明であること、手にひらに落としてみて何の刺激もないことを確認してから集めるようにする

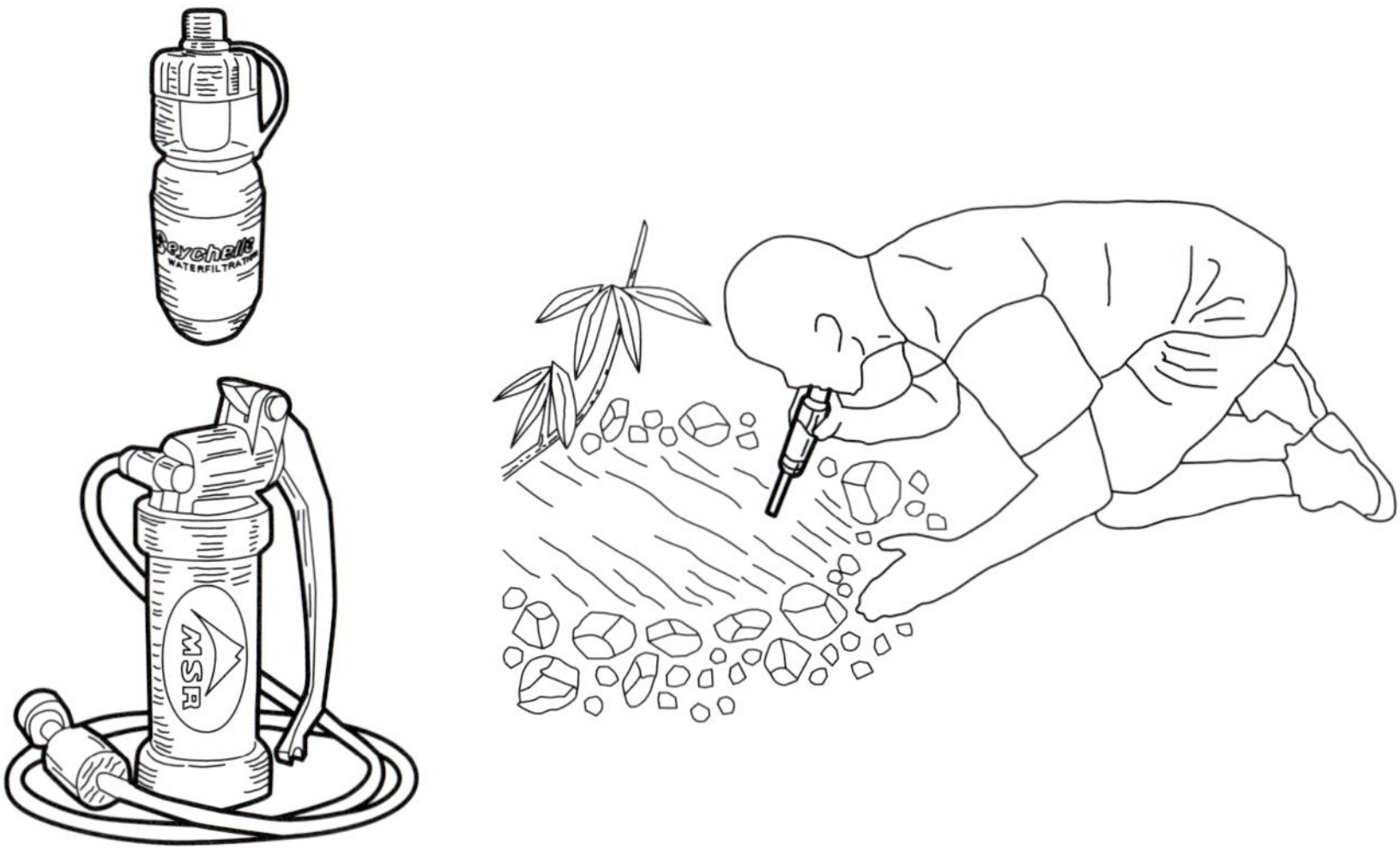


## 浄水器を使う

浄水器があれば、濁った水も飲料として利用できる。ストローで吸うように川の水をそのまま飲めるものや、農薬などの化学物質や大腸菌などもろ過できる高性能なものもある

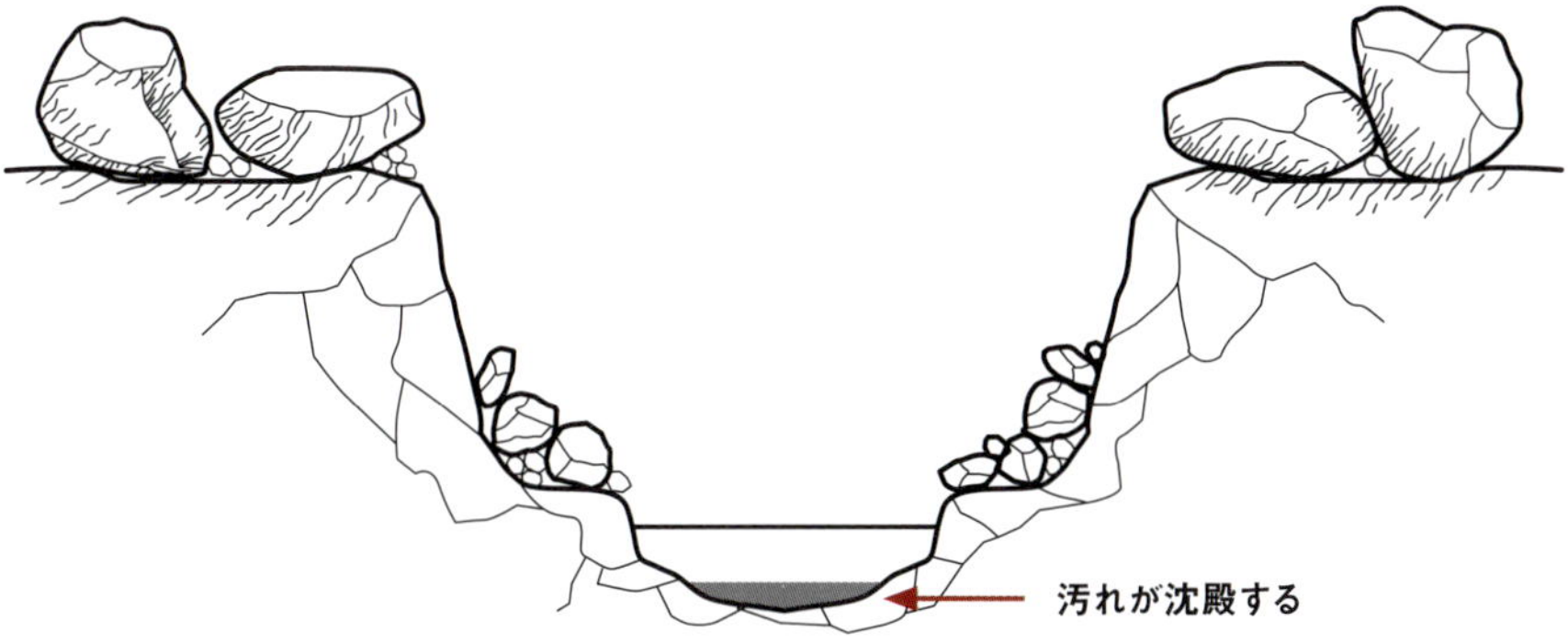


## 地面を掘る

これもあくまで非常用という方法になるが、湿った地面であれば掘るだけで水が出てくることもある。その上澄みをそのまま飲むか、カップですくう。あるいは布に浸して違う容器に絞り出す

# 煮沸殺菌の方法

## 火にかけられない器しかない時に

水を消毒する最も手っ取り早い方法が煮沸殺菌。沸騰させる時間は、沸騰しさえすればいいとも、5分とも教わったが、私はその間をとって2~3分にしている。それでお腹を壊したことはない。

しかし、煮沸殺菌を行うためには、火にかけられる鍋が必要だ。もし火にかけられる鍋がない場合はどうするか、フィールドでできるそのひとつの方法が、焚き火で石を焼いて入れるというものだ。これなら火にかけられないプラスチックや木の器でも、煮沸殺菌を行うことができる。

最大のポイントは、とにかく石の温度を高くすること。石を四方から火が当たるようにして、時間をかけて十分に熱してやる。

あとは殺菌したい水の中に石を放り込めばいいわけだが、焚き火の中から取り出したままだと汚れがついたままなので、違う水の中をサッと通してから、殺菌したい水の中に入れるといい。もしくは、殺菌作用のある針葉樹の葉で汚れを落とす方法もある。

また、当然だが熱い石を手で持つのは危険だ。枝などを使ってトングを作っておくといいだろう。

器の大きさにもよるが、石はこの程度のサイズでいい。爆ぜることがあるので注意

焚き火から取り出した石は汚れているので、針葉樹の葉などで払ってやる

## 石を加熱する際の焚き火の断面図

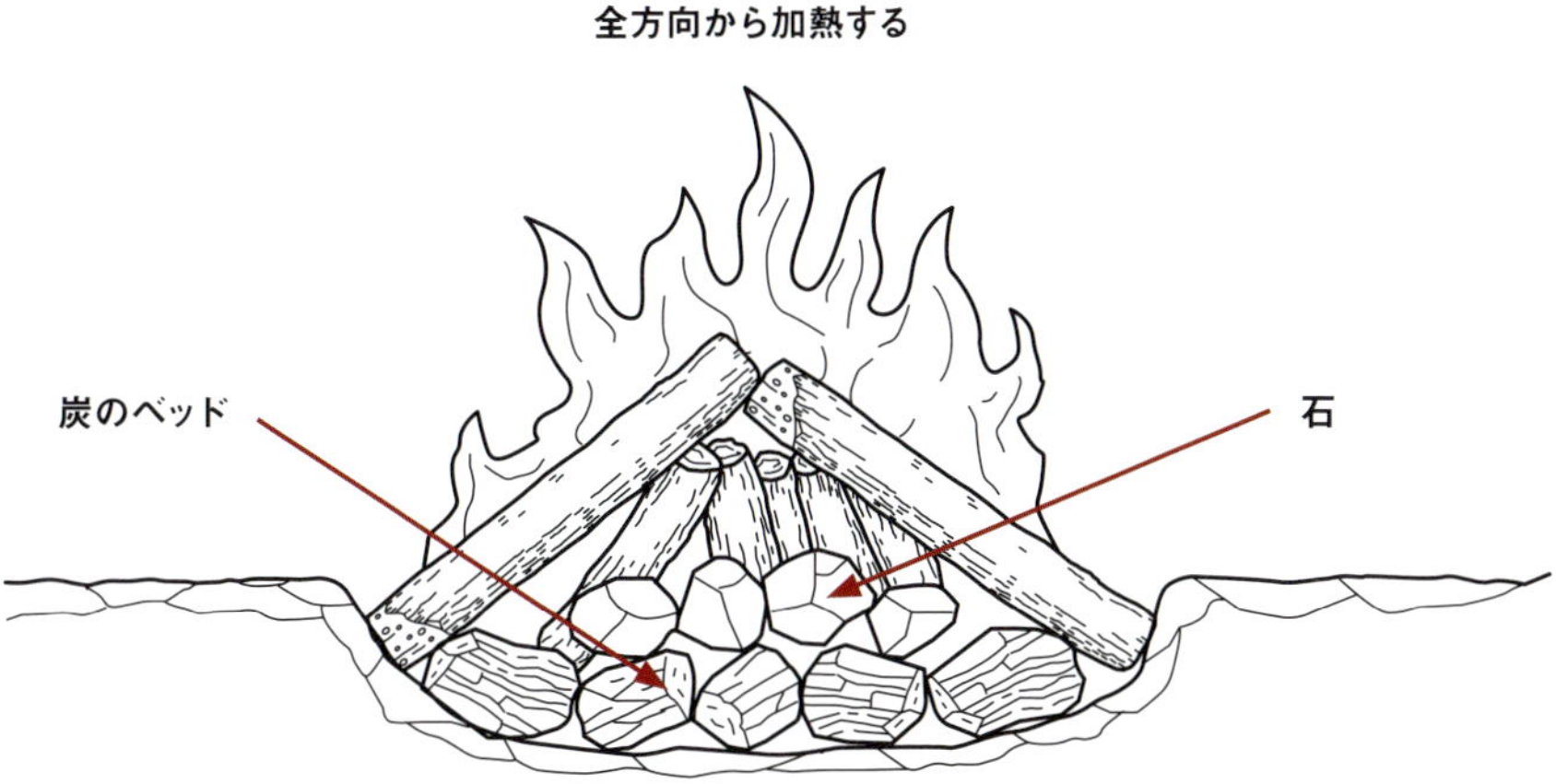


石は丸くて重いもののほうが、蓄熱性が高いし割れてしまうことも少ない。効率よく熱するには、ただ炭の上に置くのではだめで、石を囲むように上下左右から熱する必要がある

## 熱した焼き石を入れる

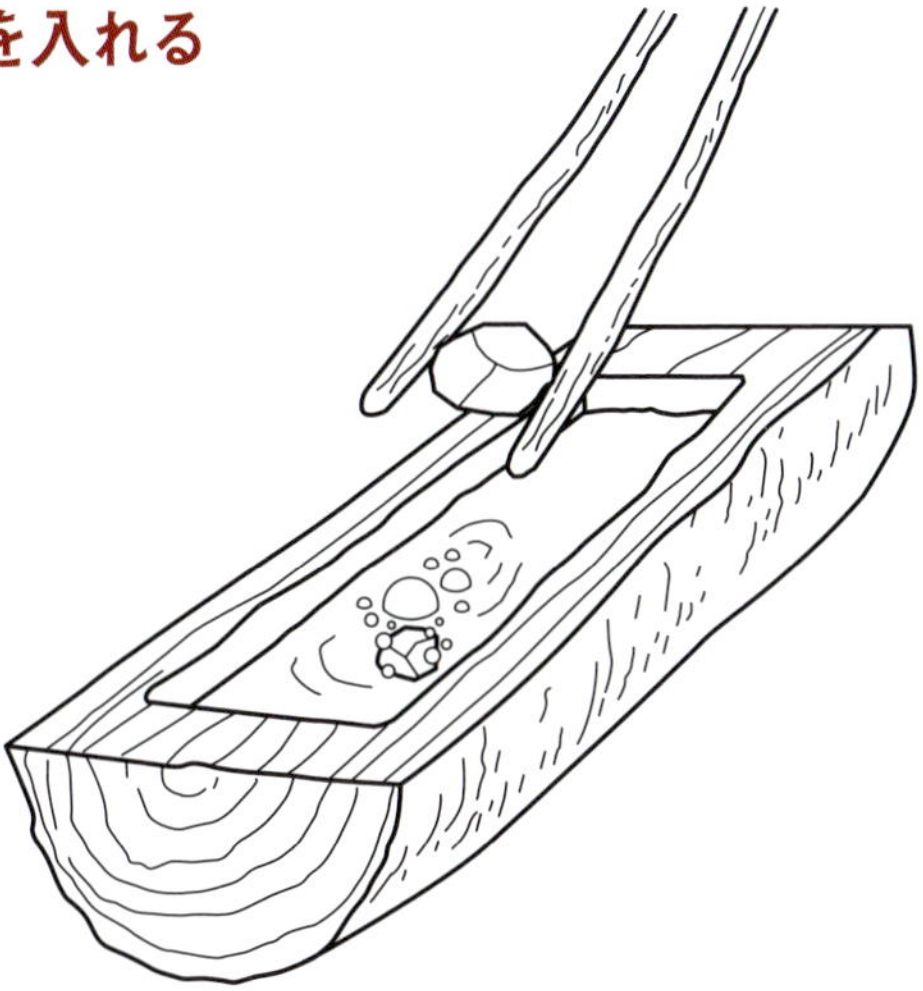

焚き火の灰や土で石が汚れていると、煮沸する水が濁ってしまう。軽く丸めた草をタワシのようにして汚れを落とすか、一度違う水にサッと通してから入れるといい。石をいくつも入れると沸騰してくるはずだ

# 簡易的な濾過器を作る

## 竹や消し炭で手作りできる

川の水や泥水など、濁った水を飲んだり調理に使わなくてはならないときには、濾過器を通すことで不純物を取り除くことができる。煮沸殺菌と合わせて行えば、絶対にとはいえないまでも比較的安全な水を手に入れることができる。

濾過器は、身近にある素材で作ることができる。ここでは竹を使った方法を紹介しよう。

竹の中に詰めるのは、針葉樹の葉などギュッと密度を高くして押し込める繊維状のもの、そして消し炭、砂、土、石といった素材。これらを使って5層のろ過部分を

1　直径6cmほどの竹を、長さ30cm程度に切る。下になる部分に節が来るようにすること。他の節をまたぐようなら棒でつついて落とす

2　最終的に水が出てくる穴を開ける。大きさは3mm程度。ナイフの先端を使ってグリグリと回転させるようにすると、うまく開く

**必要な材料**

30cmほどの長さの竹、消し炭、針葉樹の葉、砂、石

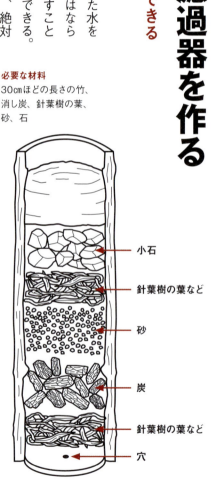

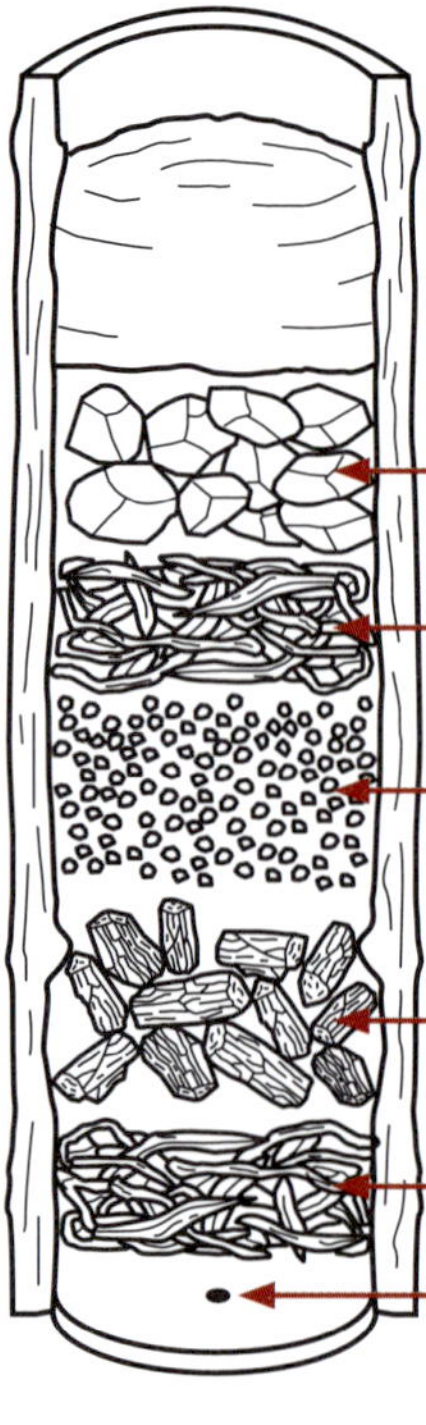

作る。下まで落ちてくるのに時間がかかるので、一番上に濁った水の溜めしろもつくっておく。

今回は繊維状のものとしてサワラの葉を見つけたのでそれを押し込んだが、繊維状で密度を高くして詰め込めるものなら他の素材でもいい。ブッシュクラフト全般にいえることだが「名称」よりも「状態や感触」でものごとを覚える癖をつけるようにしたい。そのほうが応用力が効くようになるからだ。名称で覚えても、同じものがフィールドで手にはいるとは限らないのである。

もし竹がなければ、ペットボトルを使ってもいい。都市災害が起きたときなどは、そちらのほうが手に入りやすいだろう。臨機応変な姿勢を保つことが大切だ。

3　砂が穴から落ちないように、針葉樹の葉をちぎって詰める。棒を使ってギュッギュッと押し込めるように入れる

4　焚き火でできた炭を入れる。表面積を多くした方が効果が高まるので、細かく砕いて入れるといい。これも棒などを使って押し込む

5　細かい砂、その浮き上がりを抑える針葉樹の葉、そして小石という順番で入れていく。それぞれの層が厚いほど浄化能力は高くなる

6　上から水を入れてしばらく待つ。最初は少し濁った水が出てくるが、何度か繰り返しているうちに、透明な水が落ちてくる

CHAPTER 5

# 火を起こす

Make a fire

# 焚き火を楽しむ

## 火がすべての中心になる

ブッシュクラフトでは、焚き火は楽しみの主役といっても過言ではない。いろいろな着火方法を試すのもおもしろいし、ただ火を眺めているだけでも癒される。そして、火の大きさや強さを自分の思うようにコントロールするという楽しみ方もある。

ネイティブアメリカンの考えでは火は我々の心にエネルギーをあたえてくれるものだとされているが、実際にその通りだと思う。試しに、たまに火を焚かずに過ごすと寂しく感じられて仕方がない。反対に焚き火をして過ごす夜は、このまま夜が明けなければいいのにといつも思う。

そして、火は我々に光と熱も与えてくれる。焚き火のほのかな明るさは、自然の中で夜を過ごすのにはちょうどいい。また、寒い冬に、焚き火の熱ほどありがたいものはないだろう。それに熱は調理にも欠かせない。熱があるからこそ、そのままでは食べられないものが食べられるようになったり、それほどおいしくはないものがおいしく食べられたりするのである。

火に感謝しつつ、これからも焚き火を大いに楽しみたいと思う。

## 火から得られるもの

### 調理用の熱

料理に必要な熱も焚き火が与えてくれる。火力は十分。技術を身につければ、強火も弱火も自在にコントロールすることができる

### 暖をとる熱

遠赤外線効果からなのか、焚き火の炎というのは本当に暖かく感じられる。冬に焚き火がないと、寒く長い夜を過ごすことになる

### リラックスできる炎

ゆらゆらと揺れる炎を見ているだけで、自然と心が落ち着き静かな心になれる。こんな効果があるものは、焚き火の炎以外にないだろう

### 灯りになる光

電池式のライトに比べると明るさでは劣るが、優しい光が得られる。古代の人々にとって、この灯りは非常に貴重だったに違いない

焚き火の炎は、我々に多くのものをもたらしてくれる。焚き火はブッシュクラフトでの大きな楽しみのひとつである

# 薪に火をつける方法

## ライターを使わずに着火できれば一人前

都会に暮らしていると、火のありがたみがわからないものだ。コンロもストーブもスイッチをひねったり、ボタンを押すだけで簡単に火がついてしまうからである。

しかし、アウトドアに出て一度でも焚き火をしてみれば、何もないところから薪に火をつけるということが、簡単ではないことだとわかる。火がどれだけ尊いものか、身をもって知るのである。

火をつける方法はたくさんあるが、誰もが知っているのが、ワンアクションで簡単に火がつくライターだろう。あとは昔ながらのマッチも便利だ。マッチはしばらくの間燃えていてくれるし、火がついたまま落としてしまえるというのも何かとありがたい。

また、普段の生活ではまず使うことのないメタルマッチというのもある。これはマグネシウムの棒を削って粉末にし、火花で着火するというものだ。

さらに、そういった専用の着火道具は使わずに、木と木の摩擦熱や太陽光をうまく利用する原始的な方法もある。

いずれにせよ。どれかひとつに限定するのではなく、いろいろな方法を身に付けるようにしたい。何より、火をつけるという行為は楽しい遊び。できるだけ多くの方法を身につければ、それだけ楽しみも増えるのである。

いろいろな方法を身につけるというのは、バックアップという面からも重要だ。バックアップとは何かひとつが機能しなかったときに、別の方法でそれを補うというサバイバル時に重要な考え方。例えば持っていたマッチが濡れてしまったとしても、メタルマッチを持っていれば火を起こすことができるというわけだ。

私はあまり使わないが、
入っている箱でなくて
も、摩擦が得られると
ころにこするだけで火
が着くマッチもある

# メタルマッチの使い方

## いざという時にも役立つ着火方法

ブッシュクラフトでは一番定番といえる着火方法が、このメタルマッチではないだろうか。マッチやライターと比べると少々着火が難しいのだが、その不便さがかえっていいのだろう。

この道具の最大のメリットは水に強いということ。例え水の中に落としてしまっても水分を拭き取ればすぐに火花を散らすことができる。また、半永久的といったらいい過ぎかもしれないが、ひとつで数千回は火花を散らすことができるというのも魅力だろう。

ただし、マッチやライターと違い、メタルマッチだけでは炎にならない。火花が散り、マグネシウムの粉が一瞬燃えるだけなので、ティンダー、すなわち火口となるものが必要になる。

使い方だが、火打石のようにバシンと弾くようにするイメージを持つかもしれないが、それでは火がつきにくい。なるべく長いストロークを心がけて棒全体を使い、最後だけ力を込めて火花をバシッと散らすというのがコツだ。火がつきにくければ、マグネシウムの棒の粉を多めに削り落としてから火花を散らすという方法もいい。

### メタルマッチのメリットとデメリット

**メリット**
・濡れても使える
・半永久的に使える

**デメリット**
・着火にコツがいる
・ティンダー（火口）が必要

メタルマッチは、マグネシウムファイヤースターターともいわれ、各社から様々なタイプが発売されている。私がよく使うのは写真一番下のストライクフォースのもの。火花がよく飛んで使いやすい

使い慣れないうちは、棒の先で火口を抑えるようにおいて、火花が火口のなるべく近くに飛ぶようにするといい。棒の全体を使い、ストロークを長くするというのもコツだ

# ティンダー

## 炎の元になる火口

ティンダーとは、火口の意、摩擦熱やメタルマッチの火花を最初に炎にするためのエサと考えて貰えばいいと思う。

ティンダーに求められるのは、僅かな熱や火花を確実に炎に変えることができる燃えやすさ。とにかく簡単に火がついて燃えるものでなくてはならない。

ただ、反対にいえば燃えやすいものはすべてティンダーとして役立つわけで、実際に多くのものが使われている。その特徴を挙げると、まずフワッとしている、繊維状である、乾いたものであるという3つ。この条件を満たしたものであれば、ティンダーとして使える可能性は大きい。

代表的なティンダーを挙げるとすると、まず麻ひもをほぐしたものだろう。私がよく使うのが、スギの皮を剥いで、よく揉んだもの。両手でスギの皮をこすり合わせるようにして揉むと、さほど時間がかからずにできあがる。また、笹の葉も見た目は繊維状ではないが、縦に細く裂いていくと繊維状になる。これをスギの皮と同様に揉みほぐすのもいい。

他にも、セイタカアワダチソウの枯れた花、ガマの穂なども、ティンダーとして使うことができる。ただ、そうしたものの名称をいちいち覚える必要はない。フワッとしていて、繊維状で、乾いているもの。そう覚えておいて、フィールドで思い当たるものを試してみるといい。名前とか種類ではなく、感覚で覚えるという方法がブッシュクラフトでは重要だ。

ちなみに、そう聞いて髪の毛や動物の毛がいいと思う人がいるかもしれないが、実はそれらはそこそこの量の水分を含んでおり、くすぶるだけで燃えにくい。

ワセリンをコットンボールで包み自作。極めて優秀なティンダーで、着火材としても使用できる
麻ひもをほぐしたもの。素材が一年中手に入れられ、作るのも簡単なせいか、愛用者が多い
セイタカアワダチソウの花が枯れた部分。採取できるのが冬に限られるが、火付きがいい
スギの皮を揉みほぐしたもの。こうしたボールの中に火種を入れて息を吹きかけると炎となる

# チャークロスを作る

## 不要な布で作れるティンダー

火打ち石やメタルマッチを使いたいが、麻ひもだけではどうしても火がつかない、というときに役立つのがチャークロスというティンダーである。ここではその作り方を紹介しよう。

チャークロスとは、綿の布を空焼きにして炭化させたもののことなのだが、極めて火がつきやすく、火打ち石やメタルマッチの小さな火花でも確実に着火させることができる。しかも、チャークロスの火はじわじわと燃え広がるので、これを麻ひもをほぐしたものや落ち葉などで包み込んで息を吹きかけると、確実に炎を起こすことができるのである。

チャークロスを作るにあたって必要なのは、不要になった綿の布、缶コーヒーなどのスチール製の空き缶、アルミホイルだけ。布は、着古したTシャツやタオルなど何でもいいが、できるだけ繊維の密度が濃いものが望ましい。

素材が用意できたら、まずスチール缶の蓋を削り取って、空焼きにするための容器を作る。スチール缶の飲み口がある面をコンクリートなどに押し付けるようにしながらしばらくガリガリ削ると、簡単に蓋が外れる。また、缶詰など、蓋がすでにない空き缶を使えば、この手間は必要ない。

次に、布を適当な大きさ、5㎝角程度に切って缶の中に詰め、アルミホイルでしっかり蓋をする。蓋をしたら、枝などで直径数ミリの小さな穴を開けておく。

あとは缶を強火にかける。匂いが強いので、焚き火かガスバーナーを使うかして屋外で作業するほうがいい。最初は穴から煙が出るが、それがなくなったら完成の目安。開けた穴からタールのような茶色い汁が出る事もある。

この真っ黒な布がチャークロス。インターネットなどで販売もされているようだが、自分で作るのも楽しいものだ。ただし、作業中匂いが出るので家のキッチンでやるのはおすすめしない

穴から吹き出てくる煙に引火してしまうと、中の布が燃えてしまうので注意すること。火にかけて、穴から写真のように茶色い液体が出てくることもある。冷めるのを待って缶から取り出す

# 着火材

## 火口から火を大きくするために

ティンダーにつけた火を大きくして、細い薪に移すためのものが、着火材。キンドリングや焚き付けといってもいいだろう。ティンダーより多少火がつきにくくても、炎はある程度大きく、燃えている時間も長いものが適している。マッチやライターを用いるなら、ティンダーは使わず着火材に直接火をつけてしまうこともできる。

キャンプやバーベキュー用の市販品も多いが、わざわざそれらを購入しなくても、自然の中に着火材はたくさんあるし、身近にあるものを流用することもできる。

秋から春の間という季節限定だが、自然の中で最も簡単に手に入るのが、植物の枯葉。カサカサ音がするような落ち葉は着火材に最適だし、油分を含んでいるスギやマツの枯葉は非常によく燃えるので、私もよく使う。

他にも自然の中にはシラカバの皮、マツヤニ、そして次のページで紹介するようなピッチスティックなどなど、優れた着火材がいくつもある。

また、私たちが普段の生活の中で目にしているものの中にも着火材として使えるものは多い。

例えばガムテープ。これは丸ごと持っていくとかさばるので、写真のように適量を巻いておく。着火セットとしてライターに巻き付けておくのもいいだろう。

リップクリームも欧米では着火材としてよく知られている。少量を脱脂綿やコットンボールで包むと、着火がしやすくメタルマッチでも火をつけられる。似たものとして、私はワセリンをコットンボールで包んだものを作って常備している。これはティンダーとしても着火材としても使えて、とても便利だ。

シラカバの樹皮。油分を含んでいて、メラメラとよく燃える。よく乾燥させるといい
ピッチスティック。マツの樹脂を多く含んだ部分を削り出したもので、非常に火持ちがいい
スギの枯葉。夏以外は簡単に手にはいるし、よく燃えるので、これを使うことが多い
ガムテープ。少量を丸めておくと持ち運びに便利。紙製ではなく布製がおすすめだ
MENTHOLATUM®
MEDICATED
STICK
SPF19
UVカット
リップクリーム。芯をさしてキャンドルにできたりもするので、非常用にもっておくといい
ワセリンをコットンボールで包んだ自作品。湿気から守るため、アルミホイルで包んである

# ピッチスティック

## マツの倒木から作る着火材

ピッチスティックとは、マツの木のヤニ（樹脂）を多く含んだ部分を削り出したもの。ピッチスティック以外にも、ファットウッドやマヤスティックなどいろいろな呼び名があるようだ。日本では肥松といわれ、古来から松明のように使われていたそうだ。

私がこれを知ったのは、カナダのバンクーバー島のアウトドアスクールにいたときのことだ。

バンクーバー島は非常に湿った場所で、いつも着火に苦労するようなところだったが、このピッチスティックが大いに役立った。もともとはネイティブアメリカンが大切に持っていて、雨の日など簡単に火がつかない緊急時にだけ使っていたものだという。

レイジーウッドとかレイジースティック、つまり、なまけものの木とも呼ばれていたが、それは常にこのピッチスティックを使っていると、あまりに簡単に火がつきすぎて怠け者になってしまうからということであった。使いすぎると技術が向上しないので、我々も雨天時や非常時用に持っておくというくらいがいいだろう。

これを手にいれるためには、まず森の中で朽ちて倒れてしまっているマツを見つけよう。マツの根っこや枝の根元に樹脂は集まりやすいので、そのあたりを重点的に探してみると、琥珀色に輝く硬い塊が見つかる。

樹皮がついているとわかりにくいので、ナタなどで軽く割ってみるのもいい。もし樹脂が固まっているようなら、マツヤニのツンとした匂いが感じられるはずだ。

おおよその塊を採取したら、樹皮や無駄な部分を削り落とす。そして、細いスティック状に割って保存しておこう。

森の中で見つけたマツの倒木から切り出した、ヤニが固まっている部分。ナイフで皮を削ってやると、樹脂部分が出てくるので、バトニングで割り裂いた

非常に火持ちがよく、雨でも火が消えにくいというありがたい特徴を持つピッチスティック。いつも使っていては着火技術が上達しないが、非常用として持っておくと安心だ

# フェザースティック

## 薪が湿っているときに役立つ方法

1本の木をナイフで加工して、火口（ティンダー）としても焚き付け（キンドリング）としても使えるようにするのがフェザースティックといわれるものである。

ナイフで木に何度も切り込みを入れて、その名の通り羽毛のようなカールをたくさん作るわけだが、より薄く、より多くのカールを作れば、メタルマッチの火花だけでも着火できるほどになる。

もし、麻ひもやスギ皮をほぐしたものなど、「ふわっとしていて、繊維状で、乾いたもの」というティンダーの条件を備えたものがあるのであれば、わざわざフェザースティックを作る必要はない。実際、私もフィールドでこれをつくることはほとんどない。

だが、雨が降って濡れた枝しか手に入らないというときには、フェザースティックの出番となる。少し太めの枝を拾ってきて、バトニングで例えば4つに割り、中心近くの乾いた部分を露出させ、さらに細く削ってフェザースティックを作ってやる。そうすることで、1本の枝だけでティンダーと焚き付けを同時に作れ、薪に火がつけることができるのである。

私の考えでは、このテクニックは、雪などで地面が埋まり小枝が入手しにくかったり、湿った枝や生木しか入手できないような地方で生まれたものなのだと思う。確かに、そうした状況では非常に役立つ技術である。

また、フェザースティック作りは、ナイフの練習にも最適だ。木を薄く削るには、手入れ不足の切れないナイフでは無理だし、細かなナイフ操作も必要だ。これがうまく作れるかが、ナイフの管理状況や自分の技術を計るバロメーターにもなる。

焚き付けになるような細い枝や乾いた枝が手に入らない状況で役立つのがフェザースティック。ティンダーがなくても焚き火ができるので、ぜひ覚えておきたいテクニックだ

ナイフ扱いの練習としても、フェザースティック作りは最適だ。繰り返しやってみて、技術を高めていただきたい。ちなみに、練習のときには、乾いている材より生木ぐらい水分を含んでいる材のほうがやりやすい

# 薪を効率的に集める

## 立ち枯れしている木が一番

地面が湿っていなければ、乾いた薪は地面にも落ちている。乾燥しているかどうかは、折ってみればわかる。パキッと気持ちよく折れれば乾いている証拠だ

焚き火に使う薪は、乾いているものがよい。そのほうが火がつきやすいし、煙も出にくいからである。だが、一晩を過ごせるだけの乾いた薪を効率的に集めるには、どうすればいいのだろうか。

まず思いつくのは、歩き回って落ちている枯れ枝を拾うという方法だろう。森の中は、少し歩くだけでたくさんの枝が落ちているものだ。それらを拾い集めればすぐにある程度の量になる。しかし、地面に落ちている枝というのは、湿ってしまっていることも多い。すでに土に還る過程に入って

始めは立ち枯れている木とまだ生きている木との見分けがつきにくいかもしれない。立ち枯れた木は、アックスなどを使わずとも手で押すだけで倒れてしまう

いるので、腐りかけているものもある。そうした枝は、あまり薪には向いていないのである。

では、もっと良質な薪を手に入れるにはどうすればいいのか。一番いいのは立ち枯れした木を見つけることだ。

森の中には、すでに枯れてはいるがまだ立っている木がある。そのような木は地面の湿気を吸っておらず、最高の薪になるのだ。

手で押すだけで倒れてしまうような立ち枯れした木を、まるごとキャンプサイトまでもっていきアックスやノコギリで刻むと、一気に良質な薪を集められる。

ただし、まだ倒れていない立ち枯れの木を薪として使うべきではないという意見もある。その判断は個人個人で行ってほしい。

# 集めた薪を整理する

## 太さごとに分け、適当な長さに折る

薪を集めたら、次にすべきことは薪の整理である。

なぜ薪に整理が必要なのかというと、薪は主に太さによって使うタイミングが異なるからである。薪は細いものから入れて少しずつ太くしていくというのが焚き火の基本。だが、すでに火が起きているのに、いつまでもすぐ燃え尽きてしまう細い薪ばかりをくべていたら、その作業だけで疲れてしまう。できるだけ早いタイミングで長持ちする太い薪へと移行するようにしたいのだが、そのためにはあらかじめ薪を太さごとに分けておくと便利なのだ。

分ける方法もいろいろあるだろうが、まずはこんな風に4種類に分けてみたらどうだろう。

まず一番細いものとして、鉛筆の芯くらいの太さの枝。そして次に鉛筆くらいの太さの枝、3つ目が親指くらいの太さの枝、そしてオーケーサイズ、すなわち親指と人差し指でOKサインをつくったときにできる輪っかくらいの太さの枝である。

この4種を細い順にくべていき、OKサイズの枝が燃えるようになるまで火が成長したら、それ以降は手首くらいの太さの薪を入れてしまっても大丈夫だ。

雨風が強いなどコンディションが悪いときほど、一番細い鉛筆の芯の太さのものを多く用意しておくといい。だいたいの目安としては、まとめたときに手首の太さ分くらいあればいいだろう。さらに鉛筆の太さの枝も同じくらいの量集めておけば、大抵の場合は火をつけられるはずだ。

細い枝は、次の日の朝などまだ種火は残っているが炎が落ちてしまっているとき、焚き火を復活させるのにも役立つ。

虫除けとして煙が欲しい、焚き火を長時間持たせたいというときには、くすぶって火持ちがいい生木をあえて選んで使うこともある。太さに加え、乾燥度合いでも分けておくという方法もあるだろう

右の方法や足で踏んだりしても折れないような太い枝は、二股の木に引っかけ、てこの原理を使って折るといい。かなりの太さの枝を折ることができる

集めた薪は、火床のサイズに合わせて長さをそろえる。このように膝に当てて押し出し、同時に左右の手を引くと簡単に折ることができる

# 火床の種類

## 火が長持ちして後処理もしやすい火床を作る

いにしえのネイティブアメリカンたちは、火は生きているものと考えていた。そのため、焚き火をするときには生きている火の魂を迎え入れる場所として、いつもきちんと火床を作っていたという。私もそれにならい、時間などの制限がない限りは何らかの火床を設けるようにしている。

また、火床は科学的に考えても理にかなった構造である。火が燃えるためには、酸素、燃料、熱という3つの要素が不可欠だが、火床はこのうち熱をより大きくしてくれるものなのだ。熱量が高い焚き火というのは、大きな薪を投げ込んでもしっかり燃えてくれるし、ひんぱんにふうふうと息を吹きかけて炎を大きくする必要もない。

最もオーソドックスな火床の形といえば、地面をすり鉢状に掘った円形のものだろう。中心にいくほど低くなるこの形状のおかげで、薪が燃えてできた熾が自然と円の中央に落ちていくようになっている。すると中央に高温の熾が集まり、熱量がより大きくなる。するとさらに薪がスムーズに燃えるようになる、という理想の循環が起きるのだ。

石を拾ってきて下に敷き詰めるというのも、手間はかかってしまうが、熱量を高めるのにとても効果がある。寒い時や料理で高い熱量が必要になったらぜひやってみるといいだろう。

ただし、火床の形をすり鉢状にこだわることはない。雨で地面が濡れていたら、地面を掘るのではなく薪を数本置き、その上で焚き火をするという方法もある。また、鍵穴のような形にして、調理するスペースを分けるキーホール型というのも便利である。ぜひ試してみていただきたい。

## 丸型

日帰りなど時間がないときは、形をシンプルに、サイズもコンパクトにして熱量を集中させる。後片付けもこのほうが楽だ

## キーホール型

焚き火スペースとは別に、料理スペースを作る火床。焚き火スペースでできた熾を料理スペースに移すことで、火力調整がしやすい

すり鉢状に掘って下に石を敷き詰めると、焚き火の熱量が上がる。そうすると薪を足したときにもスムーズに火がつく理想の焚き火が楽しめる

火床は少し地面を掘ったほうが、足元が格段に暖かくなる。また、ファイヤリフレクター（P.176）を作れば、炎の熱を無駄なく体に受けることができる

# キーホール型火床

## 料理ができるスペースを作る

火床の一種として、キーホール型というものがある。とても便利で使いやすい形なので、ぜひ覚えておいてほしい。

キーホール型火床とは、文字通り鍵穴のような形に掘った火床のこと。丸くなっている部分で通常の焚き火を行い、細くなっている部分では、湯を沸かしたり調理をしたりできるようになっている。

このようにわざわざスペースをふたつに分けるメリットはいくつかあるのだが、まず調理のしやすさというのが挙げられる。

この焚き火では、最初に火を起こすのは丸くなっている部分のみである。そして、そこでできた熾を細くなっている部分に移動させることで温度の調節を行う。焚き火で料理をするときには温度調節で苦労するものだが、これなら熾の量を簡単に変えられるので、ガスコンロのつまみをひねるようにとまではいかないが、比較的容易に行えるのである。

また、料理に最適な焚き火とは、メラメラと炎があがっているようなものではなく、炎が落ちて熾火になった状態のものだ。しかし、それでは光量も熱量も足りず、パチパチと燃える焚き火のよさが味わえなくなってしまう。このキーホール型なら、熾火で料理をしながら、なおかつ観賞用としての焚き火も楽しむことができるのだ。

キーホール型の火床を作るときのポイントは、細い部分の大きさ。これが大きすぎると火力を上げるのに大量の熾が必要になってしまうし、木をわたしてゴトクにするのにも安定感を損ないやすい。ここはあくまで調理用と割り切ってできるだけコンパクトにすることだ。使うクッカーの数やサイズを考えて最適な大きさにしよう。

キーホール型の火床で竹でご飯を炊いているところ。右側で薪を焚いて、できた熾を左の調理スペースに移すようにしている。細くなっている部分のは幅は、竹の長さに合わせている

深さに決まりはないが、20㎝もあれば十分。ほかの火床同様、下に石を敷き詰めると火力が高まる

まず鍵穴型に穴を掘る。地面を掘るものがなければ、枝の先をナイフで尖らせれば簡易ツルハシになる。握りやすい曲がり具合の木を探すといい

# 薪の組み方 差掛け型

## もっとも多用する基本の組み方

焚き火をするときは、時間をかけて薪を組む。組み方にはいろいろあるが、私が一番多く使うのが、この差掛け型である。

その理由は作るのが楽だから。次に紹介するティピー型の一部分を切り取ったような形で、組む枝がそれほど多くなくて済むのだ。

作り方は、まず穴を掘って火床を作ったら、奥に一本太めの薪を横に寝かせる。これは燃やすための薪というよりも、ほかの薪を立て掛けるための枕として、そして熱が逃げないようにする壁としての役割の方が大きい。

この枕の前に着火材となるスギの枯葉を置いたら、その上に鉛筆の芯くらいの太さの枝、鉛筆くらいの太さの枝、親指くらいの太さの枝というように、段々と太くなるようにして三角形に立て掛けていく。熱が逃げないよう、三角形の頂点はしっかり閉じるようにしておこう。

小さい炎が初めは小さな餌、そして段々と大きな餌をたべて成長していく、そんなイメージで組み上げるといいと思う。完成したらスギにマッチ一本で着火。放っておけば全体が燃え上がるはずだ。

もし地面が湿っていたら、最初に乾いた落ち葉を敷くといいだろう。着火材のスギの枯葉が湿気るのを防いでくれる

**差掛け型**

奥の枕木に枝を立て掛けてつくる、実用的な組み方。サイズがそれほど大きくなく、一人で楽しむための焚き火にも最適だ

# 薪の組み方 ティピー型

## 薪が濡れているときにおすすめ

ネイティブアメリカンの移動式住居であるティピーのような形をした組み方。立てるのは少し面倒だが、炎が上に伸びやすい構造になっていて、数人が同時にあたれるような、大きめの焚き火にしたい場合にも最適だ。

この組み方は、枝を円錐形に立て掛けていかなければならないのだが、それがなかなか難しい。なので、まず着火材となるスギの枯葉を置いたら、一番細い鉛筆の芯くらいの太さの枝を両手で持って真ん中からふたつ折りにし、そのまま地面に刺してしまう。そうすると真ん中に支えができて、枝を立て掛けやすくなる。

あとは円錐形を意識しながら、枝を立てていく。細いものから太いものにするのは、差掛け型といっしょだ。各層の厚さは、前の太さの層が見えなくなるくらいは欲しい。

熱を中にこもらせたいので、枝と枝のすき間はなるべくなくすこと。空気が入らなくなるではないかという人がいるかもしれないが、むしろ空気は遮断しようと思ってもできないくらいのものなので、心配は無用だ。

一番細い枝を地面に刺したあと、次の太さの枝を三脚のように置いて頂点を決めると、美しい円錐形がイメージしやすい

**ティピー型**

全方向に均等に熱がいくので数人であたるときに最適。炎が育ちながら周りの薪を乾かしていくので、薪が濡れているときにもいい

# 薪の組み方　差掛け変形型

## 湯を素早く沸かすための組み方

　これは、炎をゆっくり楽しむというのではなく、スピーディに湯を沸かしたりするための極めて実用的な薪の組み方。後処理もしやすいので、移動中に火を焚かなければならないときなどにも役に立つ方法である。

　まず逆Vの字になるように太い薪を置く。時間がなければ火床を掘らずともいいが、空気を遮断するために、土をまわりに盛ってやろう。また、火をつけたらこの狭まった部分にクッカーを置くので、最初に座りを確かめておくといい。もし地面が湿っているようなら底に枝を並べて湿気を遮断する。

　あとはV字の狭くなった部分に焚き付けを置き、その上に細めの薪を置いていく。湯を沸かすのが目的であれば、長時間燃える必要はないので、太くても親指くらいのものをメインの薪とすればいいだろう。

　この逆Vの字の形によって、熱が狭まった部分に集中するので、ここにクッカーをおけば、素早く湯を沸かすことができる。また、クッカーのハンドルを奥側にしておけば、熱くならないというのもこの組み方のいいところだ。

地面が湿っている場合は、こうして枝を下に並べると湿気を遮断できる。熱量を上げるにはこうした工夫も必要だ

## 差掛け変形型

素早く用意ができて、素早く湯を沸かしたり調理ができる組み方がこれ。太い枝なければ、石や土で逆Ｖの字を作ってもいい

# 薪の組み方　井桁型

## 上から下に燃える逆さ焚き火

　これはアップサイド・ダウン・ファイヤーとか、逆さ焚き火などといわれる方法で、通常とは逆に、上に置いた焚き付けから下の太い薪へと炎が移るようにする。

　炎はさほど大きくならないが、ひんぱんに薪を足さずに済むので、焚き火で暖を取りながら眠りたいときに最適なスタイルである。

　この組み方は、太い薪から置いていく。すき間が空かないようになるべく真っすぐな枝を選ぶこと。均等に炎が広がるように、できれば長さもそろえたい。そして、枝と枝の間には細い枝や土を入れてすき間を埋める。そして、こんどは90度方向を変えて次の段。同じようにすき間を塞ぐ。

　ポイントは、すき間を埋める作業を丁寧にやること。これを怠ると、火の粉がすき間に落ち、煙突効果で大きな炎が上がって一気に燃えてしまうからだ。

　そうして3～4段重ねたら、その上に鉛筆の芯の太さの枝をおき、焚き付けとなるスギの枯葉を載せる。着火したらブスブスとくすぶるように長時間燃えて、最後はすべてが同時に燃え尽きてくれたら成功だ。

ていねいにすき間を埋めること。でないと火の粉が下に落ちて燃え始め、ただの大きな焚き火と同じになってしまう

**井桁型**

火の熱で眠るときは、薪をくべるために何回も起きるのが前提。その回数を少しでも減らしてくれるのがこの組み方である

# 着火の心得

## 火は育てるもの

確実に一発で焚き火に火をつけるには、まずはいい薪を集めることである。

すでに述べているように、立ち枯れしたような乾いた木を確保し、着火材や細めの枝を十分集めておくこと。そして、燃えやすいものから、順々に太いものへと火を移していく。焚き火を育てているという視点を持つと、きっとうまくいくと思う。それから、最初は熱を一点に集中させて温度を高めるという意識も必要だ。

着火材で気を付けなければならないのは、すぐ火が移ってくれるものを選ぶこと。いろいろ着火方法はあるが、例えばマッチだと火がついている時間は10秒ほど。その間に火が移ってくれるものでなくてはならない。マツボックリなどは自然の着火材として有名だが、確かに乾いていれば火つきはいいのだが、スギやマツの枯れ葉と比べると、マッチ一本では火はつきにくいように思える。

それから、しっかり薪を組んでおくこと。焚き火には、あらかじめ薪を組んでおく方法と、着火材に火をつけてそこに次の薪を載せていく方法があって、それぞれに利点があるのだが、私はあらかじめ薪を組む方法を主に使う。

薪を後から載せていく方法は、火の大きさや向きを見ながら薪を足していけるというメリットがある。一方、あらかじめ組んでおく方法のメリットはというと、燃えているのが中心部だけでも、外側に置いてある薪にも熱が伝わって、湿り気を乾かしてくれるという点である。とくに薪が湿っているときなどに、これはありがたい。

燃えている熱をムダにしないということを考えると、先に組んでおくメリットは大きいと思う。

焚き火は、必要な熱、光が得られれば小さいにこしたことはない。そのほうが、薪の量も薪を拾いに行く回数も少なくて済む。自分のエネルギーの保持というのを、常に考えていなければいけない

着火材に火がついたら、枝を被せるようにする。こうすることで中に熱が溜まって温度が上がり、より燃えやすくなる。これでも空気は十分入るので、空気不足の心配はしなくともよい

# ファイヤーリフレクター

## 炎の力を無駄なく利用するために

ファイヤーリフレクターとは、木や石を使い、焚き火の熱を反射させる仕組みのことである。作る方法はいろいろだが、一番暖かいのは、石を積む方法だと思う。それから、大きな岩などがあればそれを利用してもいいだろう。

よく作るのは、4本の杭を地面に打ち込んで、その間に丸太や枝を落とし込むものだ。ただ、これには条件があって、地面に杭が打てる状況でなければならない。

また、丸太を使う場合熱の反射率を上げるためには、とにかくすき間をなくすことと、表面を凸凹させないことが大切である。といっても、曲がった木しかないとこれがなかなか難しいのだが、すき間が開くようなら、親指くらいの細めの枝を束にして使うといい。

形でいうと、最も暖かいのは馬蹄形だ。火を馬の蹄のような楕円形で囲むと、四方に放出されている焚き火の熱がすべて自分に向かってくる。だが、時間や材料の関係でそれが難しいときには、少なくとも焚き火を挟んだ向こう側に設けてやる。幅は広いにこしたことはない。最低限、火の幅よりは広く作りたい。

真っ直ぐな枝ばかりが見つかることは、むしろまれだ。枝をうまく組み合わせてすき間があかないようにする

4本の枝を地面に打ち込み、間に枝を落とし込んで作ったファイヤーリフレクター。実際によく使うスタイルのものだ

# トライポッド・ファイヤーリフレクター

## 地面が硬く木が刺さらないときに

前ページで紹介した、4本杭を打ち込んで間に丸太を落とし込むファイアリフレクターを作ろうと思っても、地面が硬くて杭が打てない、もしくはアックスのように杭を打ち込める道具がないというようなときがある。そういう場合に覚えておくといいのがこのトライポッドを使う方法だ。

トライポッドとは要は三脚のこと。この三脚をふたつ作って1本太めの枝をわたし、そこにたくさんの枝を立て掛けていく。前ページでも書いたように、大切なのは、すき間をあけないこと。これをていねいにやるかどうかで、反射率の大きさがだいぶ変わってくる。今回は、すき間をなくすために、笹の葉をかけてみたが、アイデア次第でいろいろなことができるはずである。

また、この方法は、一度設置したあとでもわずかであれば移動させることが可能だ。熱の当たり具合を見ながら位置調整もできる。

三脚は、ファイヤーリフレクターに限らず、地面に杭が打てない場所で何かを支えたいときにあると非常に重宝するので、ぜひ作り方を覚えておきたい。

**必要な材料**

トライポッドにする太めの枝6本、トライポッドに渡す太めの枝1本、立てかける枝大量、笹の葉大量、トライポッドを作るパラシュートコード2本

三脚を使ったファイヤーリフレクター。ササの葉をかけてすき間をなくすことで、より多くの熱を反射するようにした

# 手順

**1** まずは材料集め。このファイヤーリフレクターに限らず、ブッシュクラフトで最も手間がかかるのが、適した材料を集めることだ

**2** トライポッドを作る。指2〜3本分くらいの太さの枝を同じ長さに切り、片側を大雑把でいいので尖らしてから、はさみ縛りで結ぶ

**3** トライポッドをもうひとつ作る。ふたつ作り終えたら位置を決める。炎の熱が自分にうまく反射する位置にすること

**4** 尖らせた脚を地面に刺すように置くと安定する。三脚の位置が決まったら、長めの木を1本横に架けて、これに枝を立て掛けていく

**5** 太い枝と枝の間に細い枝を入れるなどして、すき間がないように。この手順をどれだけ丁寧にできるかで暖かさが変わる

**6** 今回は、ササの葉が大量にあったので使ってみることにした。逆さまにしてやれば、簡単に枝を引っ掛けることができる

7 最後に、ササの葉を抑え、より密度を高くするために、笹の上にさらに太めの枝を立て掛けた。ファイヤーリフレクターの幅と高さは、より幅広なほど、高いほど効果は大きくなる

8 手前から見るとこのような感じになる。細い光も漏れないほどに密になっているので、反射効果が高そうだ。あまり熱が反射されないようなら、少し場所を変えてみてもいい

# 弓錐式火起こしの道具を作る

## ナイフのテクニック上達にも役立つ

ライターもマッチも、メタルマッチも使わない着火方法として、弓錐式を紹介しよう。テレビや本で見たことがある人も多いと思うが、これは木と木を擦り合わせた摩擦熱によって火を起こすという原始的な方法である。

フィールドにある素材だけで作るというのを最終目標とし、まず最初は基本編として、市販の製材から火起こしの道具を作る方法を覚えてほしい。

市販の材料を使うのは、まずはどんな素材が火がつきやすいのか、どんなサイズがいいのか、どんな形がいいのかということを、五感で覚えてほしいからだ。実際のフィールドでは理想の道具はなかなか手に入らない。だが、その理想をクリアに理解していないと、現地でどんな材を集めたらよいかもわからないのである。

今回は、ホームセンターで売っているスギの杭をナイフ一本だけで切り、削り、4つのパーツを作る。すなわち、回転させるスピンドル、火の台となるファイヤーボード（火切板）、ハンドルだ。スピンドルを回転させるための弓の素材は、現地で調達する。

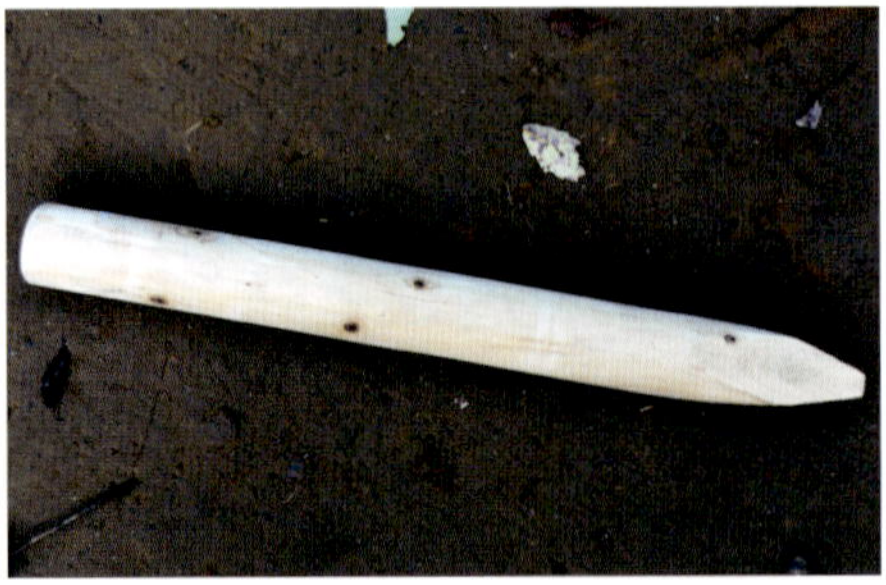

素材は、ホームセンターで売っているスギの杭。柔らかい木で、年輪幅が広いものがおすすめ

**必要な材料**

スギの杭１本、弓になる枝１本、パラシュートコード

スピンドル（火切棒）。回転させる円柱状の棒。これが真っすぐであることが重要だ
ファイヤーボード（火切板）。この台にスピンドルを回転させながら押し付けて熱を高める
ハンドル。スピンドルを上から押さえつけるために使用する。手にフィットする形が望ましい
何かしらのティンダーを用意しておく。これはスギの内皮を剥がしてもみほぐしたもの
スピンドルを高速で回転させるための弓。ちょうどいい曲がり具合の枝を探すことがポイントだ

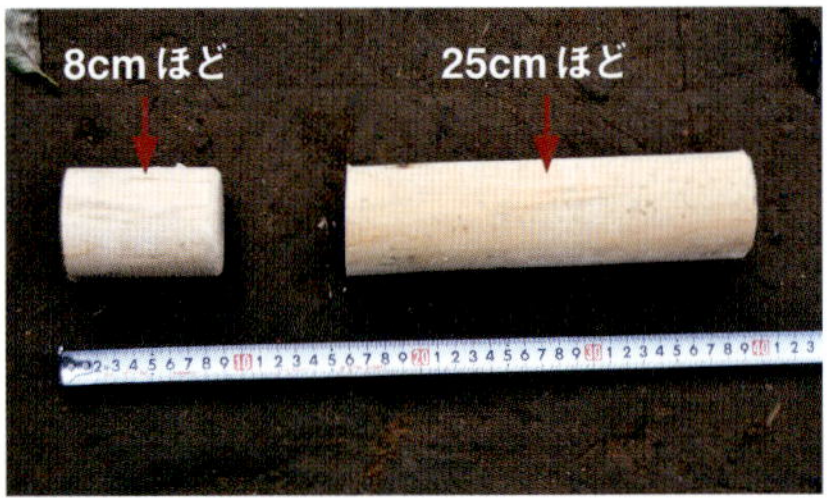


1 杉の杭の尖っている部分を切り落とし、ハンドル部とそのほかのパーツに分ける

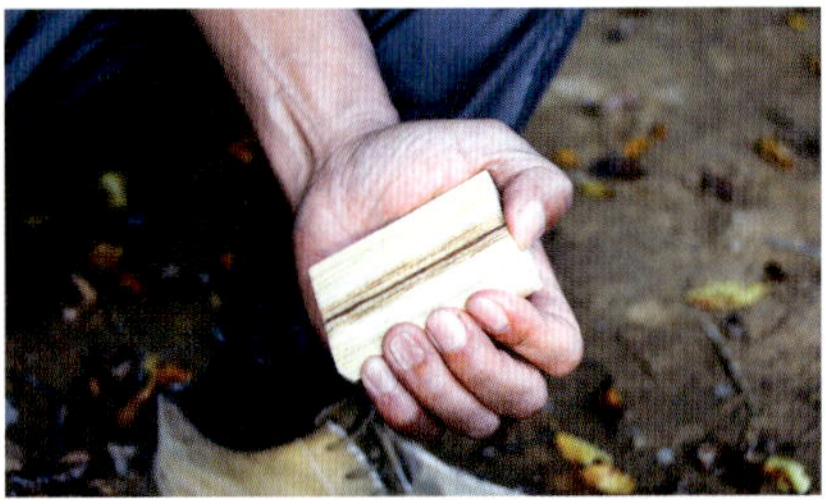

2 どちらの材も半割りにする。短いほうがハンドルになる。握りやすいように面取りする

3 半割りにした長い方の材でファイヤーボードを作る。厚さは人差し指と同じくらい

4 バトニングで割り割く。ナイフを真っ直ぐ落とすことが大切だ

5 これがファイヤーボードになる。ささくれが刺さらないように、これも面取りしておく

6 もうひとつの長い材はスピンドルに。まずはバトニングで四角い材を切り出す

7 長さは、自分の片方の手のひらを思い切り広げたくらいが最初はやりやすい

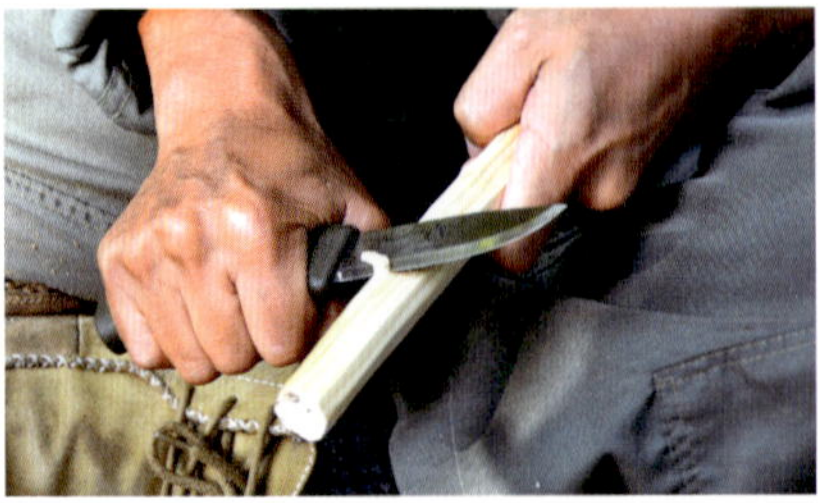

8 角を削ってまっすぐ、そして正円にする。太さは人差し指くらいでいいだろう

**9** 弓は、しっかり握れる太さで緩やかに湾曲している木を選ぶ。長さは片腕くらい

**10** 弓に使うスギの枝の内皮を剥いでよくもむ。これがティンダーになる

**11** パラコードを結んだときに滑らないように、弓の端に切り込みを刻む。怪我に注意

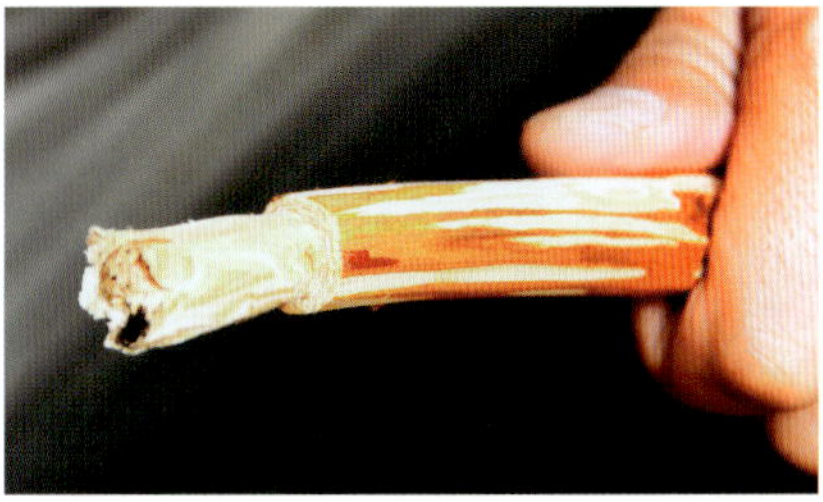

**12** 例えばこのような形にする。うまく引っかかる枝などがあればこの刻みは必要ない

**13** パラコードを巻きつけて、最後はクローブ・ヒッチで固定。もう一端も同様にする

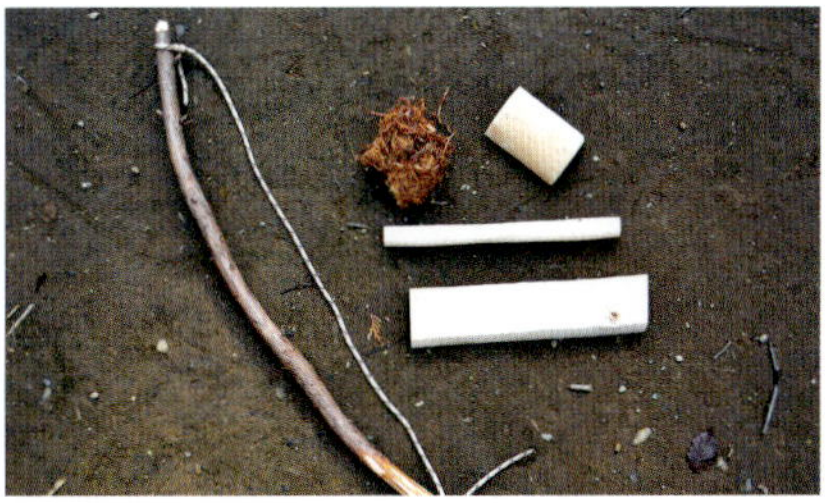

**14** これでおおよそのパーツが完成。弓は矢を飛ばすもののようにしならなくてもよい

**15** スピンドルの両端をとがらせる。片方は約60度、もう片方は約90度の角度にする

**16** ここまでできたら、道具はほぼ完成。あとは着火作業をしながら加工を続ける

# 弓錐式火起こしの着火

## 道具の完成度が高ければ簡単に火がつく

弓錐式火起こしの道具はうまくできただろうか。納得のいくものが完成したら、次は着火の作業に取り掛かろう。

私がはじめてマッチもライターも使わずに火を起こしたのは十数年も前のことだが、そのときのことをいまでもはっきりと覚えている。きっと、この弓錐式の着火は誰にとってもすばらしい経験となるだろう。

そのためにまず身に付けたいのが、正しいフォームである。

この方法の着火の仕組みは、弓でスピンドルを回転させると、ファイヤーボードとスピンドルとの間に摩擦熱が生じ、やがて火となるというものだが、効率よく高温の摩擦熱を発生させるためには、スピンドルがブレずに、垂直を保ったまま、速く回転する必要がある。そして、そのためには、体の重心を体の左右センターに、そしてなおかつスピンドルの真上に置くというフォームが大切になってくるのだ。

まず左膝を立ててしゃがんで左腕を外から回し、しっかり左脛に付けて固定する。拳をスネに当てるような感じだ。そして、左腕がしっかりと左足に固定され、なおかつリラックスした姿勢を保ちながら、弓の一番手前をもって水平方向に動かすようにする。

まずはゆっくり。なるべく力を抜いて、大きくスムーズなストロークを心がける。フォームが安定してきたら少しずつスピードを上げ、同時にハンドルにかける圧力も強くしていく。正しい道具、そして正しいフォームであれば、やがて煙があがるはずだ。

もし紐が空回りしてしまうようなら、きつく締め直してあげれば元通りになる。

確実に着火するためには、フォームが大切。重心が体の中心でなおかつスピンドルの真上にあるようにする

**1** ハンドルの中央に、ナイフの先で少し窪みを付ける。ここにスピンドルが当たるのだ

**2** スピンドルの尖った方を当ててみて、ズレたりしないか、握りは安定しているか確認

**3** ファイヤーボードにも窪みを付ける。手前の縁からスピンドルの太さ分だけずらした位置に

**4** 弓を持って、スピンドルにくるりとパラコードを巻きつける

**5** 前ページのような正しいフォームを心がけ、弓を前後させてスピンドルを回転させる

**6** ファイヤーボードにスピンドルと同じ太さくらいの窪みができたら一旦中断

**7** できた黒い粉は火種の寿命を延ばす大切なものなので、そっとティンダーに落としておく

**8** できた窪みの中心に届くか届かないかのところまで、写真のような切り込みを入れる

9 この線に沿って、ファイヤーボードを逆V字型にカット。少しずつ削っていくこと

10 カットしたら、いよいよ本着火。逆V字の下にティンダーを置いて準備

11 スピンドルのハンドル側の端に、鼻の脂や耳垢をこすりつける。これで滑りがよくなる

12 先ほどと同じように、スピンドルの鋭角に削ったほうをハンドル側にしてセット

13 左足でファイヤーボードをしっかりと固定。必ずスピンドルを垂直のまま回転させる

14 摩擦面から煙が上がって接触部が見えないほどになったら、止めて様子をみる

15 火種の塊をそっとナイフの先などで、ティンダーに載せる。この塊は壊れやすいので注意

16 火種をくるんだティンダーに息を吹きかける。風上から吹くと煙を吸い込まない。火傷に注意

# 焚き火の後片付け

## 自分の痕跡を残さない

焚き火の跡を残してしまうというのは、あまり喜ばしくないことだ。散らかった焚き火跡は見てくれもよくないし、直火を禁止している場所のほとんどは、それが原因なのではないだろうか。

焚き火をする場合は、最後に焚き火をする前と同じ状態に戻すということを心掛けるべきだろう。きちんと後片付けをすれば、そこで焚き火をしていたとは思えないほどにきれいにすることが可能だ。そこまでやることで、ブッシュクラフトがただのキャンプの一種ではなく、ある美学をもった遊びだということが周囲にも理解してもらえると思う。

そのために、まずは薪を真っ白くなるまで燃やしきることだ。当然焚き火の技術が必要になってくるが、黒い炭が残ると当然存在感が出てしまうし、ましてや一部分だけ焦げた薪があると、どうにも嫌な違和感が感じられるものだ。

ちなみに、カナダのアウトドアマンたちは、どうしても燃え残ってしまった薪をその場に残さぬよう、全部池や川などに投げ込んでいた。きっと、水の浄化も期待してのことなのかもしれない。

熱が残っていないか、自分の手で温度を確認する。山火事は絶対に避けなければならない

## 手順

1 薪をすべて燃やし尽くしたら、使用していない太めの薪などで叩いて、残っている灰の塊を粉々にしていく。細かいほどいいだろう

2 このときは火床に石を敷いていたので、石を取り出す。まだ熱く直接触れないので、竹を使って取り出した

3 熱が下がったか、手で触って確かめる。灰をすくい上げ、手でこすり合わせるようにして、火種が残っていないか念入りに確認する

4 熱が下がって安全な状態になっていることを確認してから、灰を空中にまく。少し水をかけてから揉み合わせてまいてもいい

5 火床を作るときに周囲に盛った土を戻し埋めていく。手でしっかりと広げてやれば、焚き火のあとは跡形もなくなる

6 最後はこのような状態に。これで後片付けは終了だ。焚き火が美しく処理できると、自分も気持ちよくなれるものだ

CHAPTER 6

# 食を楽しむ

Cook & Eat

# ポットクレーン

## シンプルで簡単な焚き火料理用クレーン

焚き火で料理をするときに困るのが、鍋をどうやって置くかである。燃えている薪の上に鍋を置くと安定せず、時間が経って薪が燃えてしまうと、鍋も倒れてせっかくの料理が台無しなんてこともありえる。それを防ぐために、太めの薪をゴトクのように使うテクニックがあるのだが、時間が許すなら、ポットクレーンを作るというのもおすすめだ。

ポットクレーンとは、鍋を上からぶら下げる仕組みのひとつだ。これなら焚き火が崩れようがなんだろうが鍋が倒れてしまうことはないし、火加減の調節もしやすい。そして、焚き火を取り巻く雰囲気もグッとよくなる気がする。

焚き火の上に鍋を下げて料理をするテクニックにもいくつかあるのだが、このクレーン式は、何かしらの方法で一本の枝を斜めに立て掛け、先端に鍋や後に紹介するポットハンガーをぶら下げるという方法で、構造がシンプルなので作るのも比較的簡単である。ただ、一度設置してしまうと、位置を変えるのが難しいので、場所決めは慎重に。焚き火の上に鍋がくるようにしなければならない。

最もシンプルな例。大きな石で枝の一端を押さえ、丸太で支点を作っている。鍋の高さの調節は、丸太を転がすことで行う

枝の一端を二股の枝を地面に打ち込み押さえ、三脚で支点を作った例。鍋の高さはポットハンガー(P.198-199)で調節できるが、三脚を移動させれば高さだけでなく横方向の移動も行える。使い勝手のよさはこれが一番だ

二股の枝をふたつ使った例。地面側の端をナイフなどで尖らせ地面に挿すと安定感が増す。二股の枝は、Y字型だと叩き込んだときに割れやすい。真っすぐで1本が斜めに出ているような形状が望ましい

# クッキング・トライポッド

## 頑丈で重い鍋も下げられる

三脚を作り、その中央から鍋をぶら下げるという方法が、クッキング・トライポッドだ。安定感が高く、重めの鍋も下げることができるので、数人でひとつの大きな鍋を使うといったときにもいいだろう。

ポイントは、なるべく真っ直ぐな枝を見つけること。腐っていて折れやすいような枝や、細くて曲がってしまうような枝ではダメ。当然なことだが、このハンガーというものは、絶対崩れてはならないものなのである。

地面側の端は、大雑把でもいいのでナイフで尖らせておくと、脚が地面に食い込んで安定感が高まる。また、枝の向きを最も座りがいい方向にするというのも大切だ。そして、脚を広げるときは、上から見たときに必ず正三角形になるようにすること。そうすると、強度が高まる。

鍋をぶら下げる方法としては、交差部にうまく引っ掛かってくれる形の枝を見つけてポットハンガーをつくるか、木のツルやパラコードを支点に巻いてぶら下げるという方法もある。この場合、鍋の高さ調節は、ツルやロープを巻く回数を変えるなどして行う。

枝3本は、はさみ縛りでまとめる。巻く回数は多いに越したことはないが、鍋の重さに合わせて調節すればいいだろう

ハンガーがあると、長時間湯を温め続けることもできて便利。焚き火を贅沢に楽しむことができる

# ポットハンガー

## 火加減の調整がしやすい便利アイテム

ポットクレーンなどに鍋を下げるのに役立つのが、枝にベイルノッチ（P.50）という刻みを入れて作るポットフック。鍋を火にかけたり、火から外したりも簡単にできるし、ノッチの数を増やせば、鍋の高さ調節もできるようになる。ひとつ作っておけば長く使えるし、ナイフ使いの練習にもなるので、ぜひ作ってみてほしい。

ノッチ部分は、鍋の取っ手がしっかり引っ掛かるように、角度をつけること。また、ノッチの向きを間違えると意味をなさなくなってしまうので注意しよう。

枝をしっかりと固定し、バトニングで枝にX字型の切れ目を入れる

切れ目はこのような感じ。X字の上部を残すようにナイフで削っていく

バトニングと削りを繰り返し、少しずつ削る。怪我には注意

クレーンに掛けるノッチと、鍋を下げるノッチの向きは逆。また、鍋を下げるノッチは手前向きが使いやすい

# 食器を自作する

## 木で作るオリジナル食器

木で食器を作るのに、一番簡単なのは、竹を使うことだ。私も子供相手のプログラムではよくやるが、割ってしまえばそれだけで食器になる。しかも、直接火にかけることもできる。

カーブしたナイフがあれば、木片に窪みを付けていって食器にするという方法もあるが、そういった専用ナイフをもっていることのほうが稀だろう。そこで、通常のナイフでできる食器作りの方法をひとつお教えしよう。

まず、焚き火の中から熱せられた炭をトングかなにかで取り出して、木片の上に載せる。そのまま炭をグーッと押し当てて圧力をかけ、接触している部分にフーッと息を吹きかけると、その部分が炭化する。そうしたら、そこを先の尖った石などで削ってやる。これを繰り返し、窪みを深くしていく。

この方法を使えば、スプーンでも深皿でも作ることができる。焚き火の前でやっていると、これはなかなかハマる作業である。

使う木は、スギやマツなどの針葉樹がいい。針葉樹はそれ自体に油分を含んでいて、抗菌、殺菌効果もあるとされているので、食器にするには最適だと思う。

木で作った食器類の手入れ法だが、洗剤で洗う必要はない。食事のあとは少量の水に濡らして、まだ青いスギやヒノキの葉でゴシゴシと汚れを拭き取る。残った水分は焚き火の端に流す。これは、食べ物の匂いをそこに残さないためだ。食物の匂いが漂っていると、野生動物を引き寄せる原因になる。もしクマがいるような地域なら、とくに気をつけたい。

そして、洗ったあとは、焚き火にかざして乾かす。火で炙れば確実に殺菌できる。

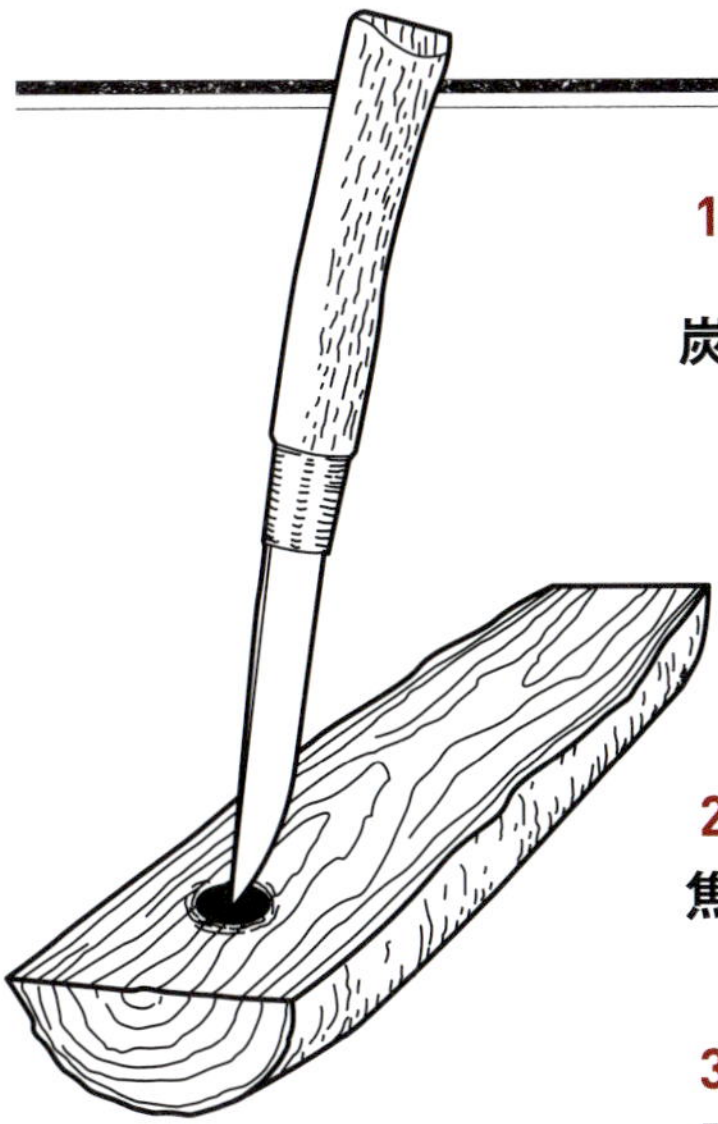

**1**

**炭を置いて木を焦がす**

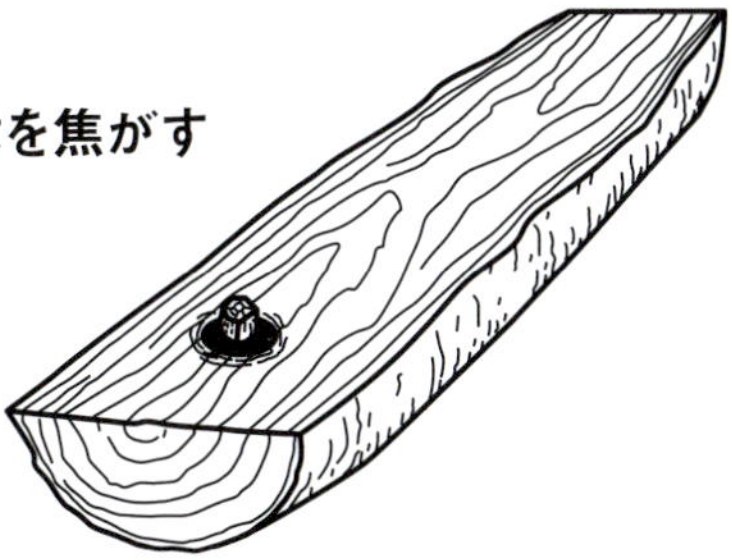

**2**

**焦がした部分をナイフで削る**

**3**

**同じことを繰り返して
穴を深くしていく**

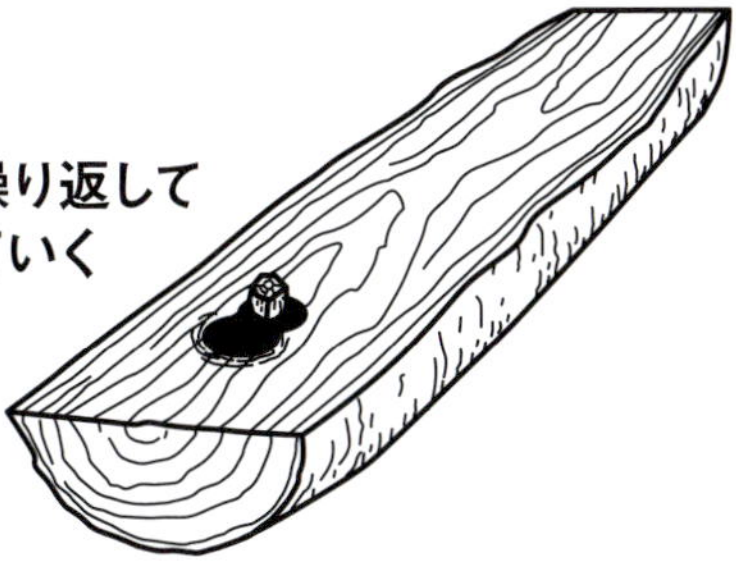

**4**

**ナイフで形を整えて完成**

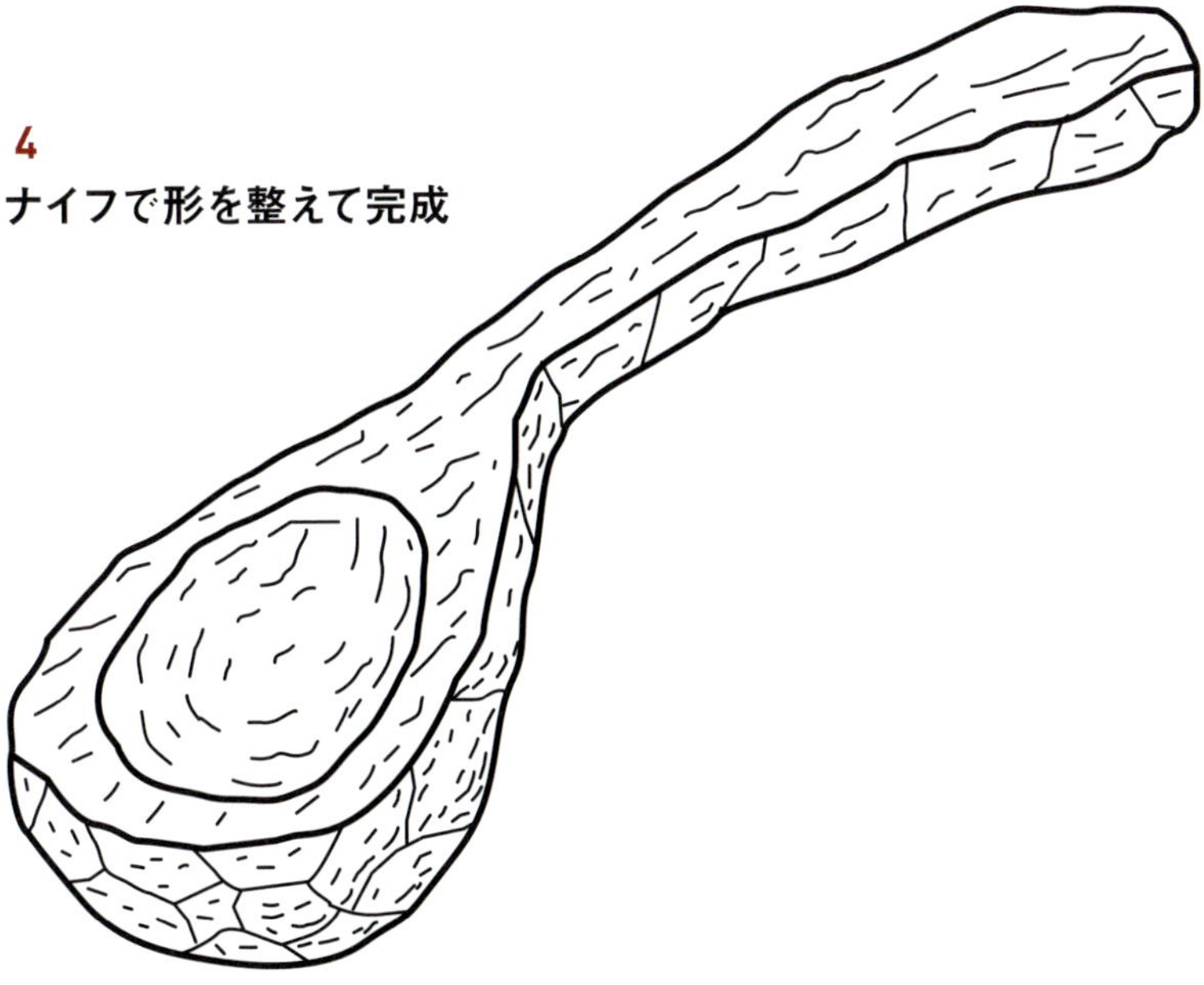

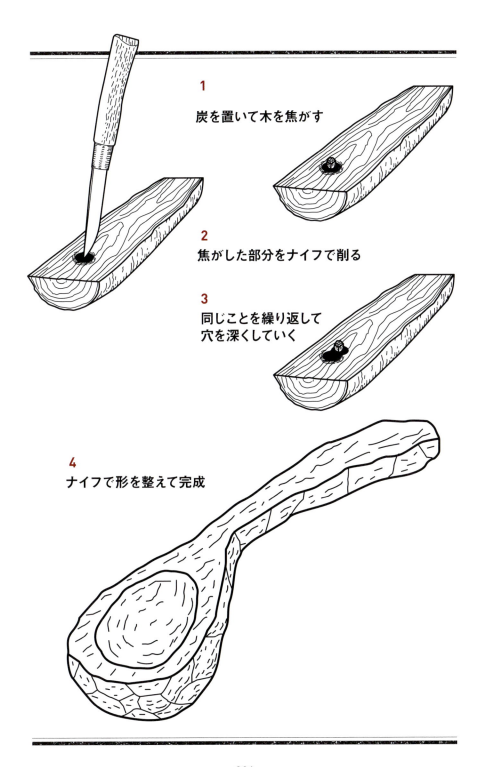

# 様々な調理方法

## 焚き火を使って料理する技術

### 串焼き

ブッシュクラフトの調理方法にもいくつかある。そのなかで、個人的に最もおいしくできると思っているのが、この串焼きだ。

とくに肉。真っ赤な熾火で焼いたステーキ肉などは、塩とコショウだけで十分おいしく食べられる。ちなみに、私はハーブやスパイスがブレンドされたクレイジーソルトという商品を愛用している。

串焼きというと、肉のかたまりを焼き鳥のようにいくつも刺して焼くというイメージがあるもしれないが、工夫をすればステーキ肉のように幅広な肉でも焼ける。

肉の真ん中に1本串を刺しただけだと両脇が垂れ下がってしまうが、加えて横にも串を通してやると、肉が張った状態になり回転してしまうこともなくなるのだ。

おいしく焼くコツは、熾火の状態や肉をかざす位置を考慮し、うまく均等に火を入れるということ。食パンの串焼きは、このむらなく焼くという作業のいい練習になるのでぜひやってみてほしい。

串は地面に刺すのもいいが、クレーン式にすると火との距離や位置を調節しやすい

竹を串に使う場合は、必ず穴を開ける。でないと熱で膨張し爆ぜてしまう

こんがりとジューシーに焼けたステーキ肉。串を横方向にも刺して、全体をまんべんなく焼くというのがポイント

# ホイル焼き

ホイル焼きも、非常に手軽にできるし、串焼きとはまた違ったおいしさが出せる調理方法だ。

方法は、アルミホイルに包んで焚き火の中に入れるだけと、実に簡単。肉やジャガイモ、ナス、タマネギなどの野菜もこれだけで本当においしくいただける。

あまり失敗がない方法なので、コツといえばしっかり密閉させてあげることとくらいだろうか。できたらホイルを2枚ぐらい使って、すき間が空かないようにするといい。そして、燃えている炎の中ではなく、熾火の上に置き、さらに上にも熾をのせてやるとまんべんなく火が通っておいしくなる。

この調理方法は、香りを中に閉じ込めることができるので、香草を使うときにもいい。香草と肉、野菜を一緒に包むと、素材が持つ水分もそこに染み出て、天然のソースができる。それにちょっとしょうゆをたらし、ご飯にかけて食べたりすると、非常においしい。しかも、肉と野菜、ミネラルが一緒にとれて一石三鳥である。

この方法の唯一の問題は、ホイルのゴミが出てしまうことだが、これは捨てたり埋めたりせず、かならず持ち帰ること。食べ物が付いていたほうを焼いてしまえば、匂いも水分も残らず、持ち帰りやすくなる。

素材をホイルに包んで焚き火に放り込むだけで、おいしい料理ができる。不精な人にもおすすめだ

方法は極めてシンプル。アルミホイルに素材を包んで焚き火に放り込むだけだ。失敗も少ないというのがうれしい。今回はセイダカアワダチソウをハーブとして使用した

# 煮る、炒める

　煮る、茹でるという調理方法もある。野菜を鍋で茹でたり、香草を湯がいておひたしにしたり、鍋料理もこれに含まれるだろう。寒いときに温かい煮込み料理を食べるとホッとするし、体も温まる。とくに冬はこの調理法を用いる人は多いのではなかろうか。

　実は、この調理方法はサバイバル的な視点から見て、最も適した方法だといわれている。

　その理由は、間違いなく素材に熱が通って安全に食べられるからである。また、煮込みやスープなど、茹で汁もすべていただける料理にすれば、ミネラルなどの栄養分を余すことなく摂ることができるからともいわれている。

　また、炒めるというのは油があるときに限られる調理方法ではあるが、アクが強い野草でもこの方法を使えば食べられるようになるのが非常にありがたい。野草の中には、やはり味が強いものもあるのだが、そういったものでも、油で炒めるとおいしく食べられるようになるのだ。

　大切なのは、火力の調節。この方法ではコッヘルやフライパンなどを使うことになるが、それらと火との距離をうまく調節する。また、火のそばに置いておくときには、取っ手が熱くならないように注意しよう。

コッヘルのふたをフライパン代わりにして、野草の炒め料理をする。火力調節が難しい

とりあえず鍋で煮れば、熱がまんべんなく通って安全に食べられるようになる。栄養をすべて摂れるのもこの方法の長所。これはツユクサのおひたしを作っているところ

油で炒めると、料理の味があがる。写真のように味噌を加えて野草を炒めたりすると、とてもおいしくいただける。タンポポの味噌炒めは、少し苦味がありの酒のあてにぴったり

# 炭に直置きして焼く

最もブッシュクラフトらしいというか、ワイルドな調理方法がこれだ。調理道具は一切必要なし。熾火の上に、直接食材を載せて焼いてしまうのだ。

もしかしたら、食べ物を炭の上に直置きするのに抵抗を感じる人がいるかもしれない。だが、炭を食べるという健康法もあるくらいだから、少量の炭を食べるくらいは問題ないと考えていただくしかないだろう。それに、実際にやってみるとわかるが、それほど炭が口に入ってしまうことはない。

最初に、肉を炭の上にべたりと置いたときには、表面に炭がたっぷり付いて慌ててしまうかもしれない。しかし、火が通ってから手で軽く払えば、きれいに落ちてしまうので心配はいらない。食べてみれば、おそらくあなたが思うほどはジャリジャリはしていないはずである。

注意点はというと、焼いているときに水分が出て炭の温度を下げてしまうので、炭のベッドをある程度分厚く、広くしておくということだろう。

この焼き方をすると、どういうわけか肉がとてもおいしく仕上がる。また、肉はもちろんだが、魚もこの方法で焼くととてもおいしくいただける。尻込みせずに、ぜひチャレンジしていただきたい。

炭の上に置いた肉を取り出し、塩コショウだけしてナイフで切って食べる。野生に還る時間だ

こんなワイルドな方法なら、調理道具も不要。炎が上がっている状態ではなく、しっかりしき熾火を作ってから置くこと。焚き火の香ばしい香りが肉に移り、味をひきたてる

# 焚き火でご飯を炊く

## 美味しく炊く秘訣

お腹が空いているとき、焚き火で炊いた真っ白なご飯は本当にごちそうに思えるものだ。

おいしいご飯を炊くためには、まずいい薪を集めること。こうした料理には、太めの薪よりも、親指より少し太いくらいでよく燃える薪のほうが向いている。薪を集めたら火を起こし、たくさんの熾を作る。炊飯には強い火力が必要なのだ。

米はあらかじめ研いでおく。とぐのに使う水のことを考えると、無洗米もいいだろう。そして、米をコッヘルにいれたら、適当な細い枝を差し込んで、米の上端の位置にナイフで印を付ける。

そうしたら棒を取り出し、先端から印をつけたところまでの長さの倍より、さらに少し上のところにもう一度ナイフで印を付け、またコッヘルに差し込む。

次に、2度目に付けた印の部分まで水を注ぐ。つまり、米の量の倍かそれ以上の水を入れるということになる。水を吸っていない無洗米ならもっと多くていいだろう。そして、そのまま最低30分間は米を水に浸してやる。

十分な熱量が得られる焚き火になったら、コッヘルを火にかける。生っぽい木を2本使いゴトクかわりに使うといいが、ゴトクの座りのよさは十分確認すること。

火にかけたら蓋を開けずに待つ。しばらくしてわずかに焦げた匂いがしたら火から下ろし、最後に10分くらい蒸らしたら完成だ。

炊飯というのは、使うコッヘルや高度、外気温などによってかかる時間や炊き加減が変わってくる。失敗を防ぐには、炊く前に長い時間水に米を浸すこと、そして火から下ろしたあとにしっかり蒸らすことが大切だ。

使うコッヘルの高さや素材によっても、炊き加減は変わってくる。いろいろなコッヘルを使い、何度も炊いてみると勉強になるだろう。焚き火の炊飯は、まさに習うより慣れろだ

まず、やや細めの薪を多めに燃やし、十分な量の熾火を作る。コッヘルは枝をゴトク代わりに使って載せるのがいいだろう。炭の上に直接のせると不安定だ。米や水の量は、細い枝で計るとわかりやすい

# 竹でご飯を炊く

## 自然素材を使った炊飯

ここでは、竹を使ってご飯を炊く方法を紹介しよう。

何度も書いているが、竹は本当に便利な素材だ。中空構造なので、そのまま鍋や器代わりに使えるし、そのまま火にかけることもできる。この炊飯方法も、そうした竹の長所を生かしたものだ。ただ、コッヘルと比べ長さがあるので、どの部分にも均等に熱が加わるように気をつけなければならない。

こうして自然の素材だけを使って炊いたご飯の味は、また格別。竹の加工に少し技術は必要になるが、一度は挑戦してみてほしい。

今回は、たまたま見つけたクリを入れてクリごはんにしてみた。野生のクリのほのかな甘味とお焦げの香りが合わさり、絶妙な味になった

**必要な材料**

竹1本、米適量、水適量

# 手順

**1** 竹の太さは、握って指が届かないくらいは欲しい。まず、米や水を入れる口を作るために、竹の繊維と交差する方向をノコギリでカット

**2** 口の長さは 5㎝ほど。繊維方向はナイフで切るが、あとで切った部分をフタにするとき中に落ちないよう、少し刃を寝かせて切る

**3** バトニングでカット。強く叩きすぎて竹を割ってしまわないように注意する。コツコツ叩く程度で大丈夫だ

**4** このような感じで四角い口を切り取る。切り取った部分はフタにするので、そのまま取っておくこと

**5** 竹でカップを作って米を計量。カップに米を入れ、その上端にナイフなどで印を付けておく。米が多すぎると吹きこぼれるので注意

**6** 米に続いて水も加えたら、口にフタをしてしっかり押さえながら、竹筒をシャカシャカと振って米を研ぐ。何分もやる必要はない

**7** フタを少しずらし研ぎ汁を捨てたら、今度は竹のカップで炊くための水を計り、竹筒に入れる。量は、付けた印より少し上くらい

**8** そのまま30分ほど米を水に浸しておく。今回はその時間にクリ拾い。手頃なクリがたくさん見つかった

**9** 竹筒に、皮を剥いたクリも投入。これで火にかける準備はほぼ整った。十分な量の熾火ができているかも確認しよう

**10** 火に竹筒をかけているときにフタが外れてしまわないようにするためのストッパーを用意する。これは竹をナイフで薄く削って作る

**11** 竹を薄く削ったものを2枚用意し、フタの両脇に差し込む。ゆるいと途中で外れてしまうので、その場合はもう一度作りなおす

**12** 火にかける。こうした料理の場合、キーホール型の火床が便利だ。米が入っている節全体に熱が加わるだけの火床の幅と熾が必要だ

**13** しばらくすると、すき間から蒸気が噴き出してくる。さらに時間が経つと蒸気が出なくなるので、そこで火から外す

**14** しばらく蒸らす。芯が残らないようにするには、米を水に浸しておく時間と、この蒸らす時間を長くするといい

**15** いよいよ完成。口の部分にナイフを入れ、横方向にバトニングして広げていく。竹筒をしっかり固定してやること

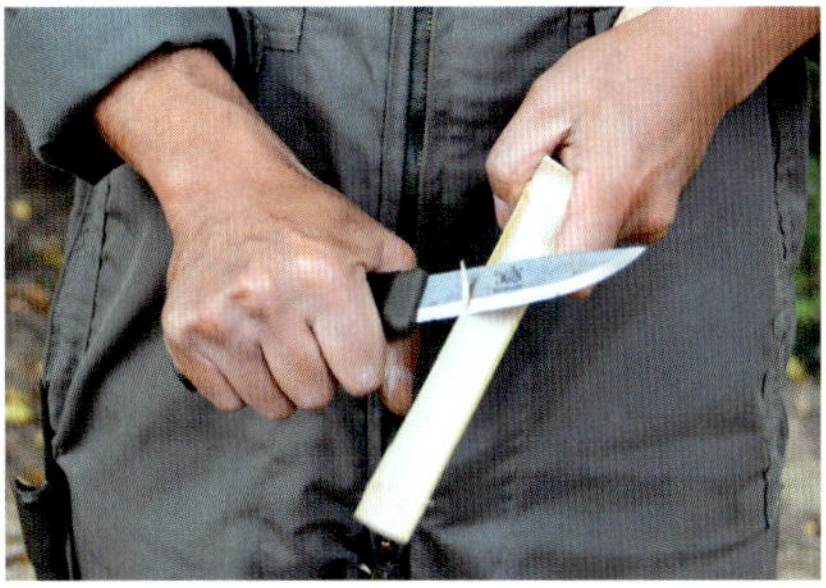

**16** 切り取った竹で、シンプルなスプーンを作る。竹を握りやすい幅に削ったら、ていねいに面取りを行えばできあがり

**17** 先端をこのような形にすると、ご飯がすくいやすい。口の中に入れるものなので、できるだけなめらかに仕上げたほうがいい

**18** 炊くのに使った竹筒は、そのまま器として利用する。竹の太さによって炊ける量が変わるので、いろいろ試してみるといいだろう

# 野草を食す

## 現地調達できるおいしい食材

貧しくて野草を食べてしのいだなんていう話があるせいか、野草というと粗食というか貧相なイメージが浮かぶかもしれない。だが、事実は全く逆であり、野草のなかには現代食では考えられないような栄養価が詰まっている。

現代人は、食べ過ぎの栄養不足で、それが多くの病気の原因ともいわれている。ならば、ビタミンやミネラルの宝庫である野草は、アウトドアでなく、むしろ日常の食生活にこそ必要なものなのかもしれないとも私は思っている。

一般に山菜と呼ばれているもの意外にも、食べられる野草はたくさんある。個人的には、野草図鑑などを見て食用となっていなくても、極端な話、次の三つの条件を満たしていれば、それは食べられる野草なのではないかと思う。

その三つとは、毒草でないこと、消化可能であること、不味すぎないことである。

体にどれだけ影響をおよぼすかは、食べる量によっても変わってくるし、かなり大雑把なものではあるのだが、これが私の食べられる野草の条件だ。

また、野草はサバイバル食の王様でもある。サバイバル状態での食というと、動物を狩って解体したり、魚を釣ってさばいたりするのが王道と思うかもしれないが、そういった状況において大切なのは、いかに自分のエネルギーを保持できるか、つまり、どれだけ効率よく食料を得られるかである。肉でも魚でも、その食材を獲るのに使った体力に見合うか、それ以上の栄養が得られないと意味がないのだ。その点、野草はさほどエネルギーを費やさずに多くの栄養を得ることができる。それゆえ、サバイバル食の王様なのだ。

栄養豊富で採取もしやすい野草は、サバイバル色の王様だ。ただし、くれぐれも植物採取が禁止されていないことを確認して行ってほしい

# 食べられる野草10選

## 身のまわりにある野草

野草を覚えるなら、まずは毒草からだ。そして次は、どこにでも生えている身近なものを覚えていこう。それはつまり、どこでも入手しやすいということだからだ。

野草の食べ方は、湯がいたり炒めたり、茹で汁を飲んだり、また硬い野草はナイフで切り刻んで野草茶にもする。野草がもつえぐみや苦味は薬効成分であることも多いが、おいしく食べるためには、やはりそうした処理が必要だ。また、栄養を得るだけなら、噛み砕いて消化できなさそうな繊維だけ吐き出すという方法もある。

### セイダカアワダチソウ

**時期**◯春〜夏
**特徴**◯繁殖力が高くどこにでもある。新芽はお茶に、葉は香りが強いので、炒めるか香草として使う
**食べ方**◯ハーブ（香りづけ）、お茶

## マツヨイソウ

**時期**◯春〜夏
**特徴**◯黄色い花を咲かせる。新芽はおひたしにするとおいしい。葉は香草にしたり、茹でてお茶にしたりする
**食べ方**◯**おひたし、**ハーブ（香りづけ）、お茶

## タンポポ

**時期**◯春〜夏
**特徴**◯花、茎、葉、根まで食べられる。葉はサラダ、花は天ぷら、茎、根は炒め物。根は炒ればコーヒーにもなる
**食べ方**◯炒め物、天ぷら、サラダ、お茶、コーヒー

## イノコヅチ

**時期**○春～初秋
**特徴**○同じ場所から両手を広げるように葉が伸びるのが特徴的。ヒナタイノコヅチ、ヒカゲイノコヅチと種類があるが、ともに食用可能。比較的癖がなくおいしい。
**食べ方**○炒め物、おひたし、ポタージュ

## ツユクサ

**時期**○春～夏
**特徴**○クセがなく、葉や茎をおひたしで食べられる数少ない野草。味噌汁の具にもいい。花はサラダとしても食べられる
**食べ方**○おひたし、味噌汁の具、サラダ

## ギシギシ

**時期**○春～夏
**特徴**○陸ジュンサイといわれるほど葉にヌメリがあり、味噌汁の具にいい。茹でておひたしにしてもとてもおいしい
**食べ方**○おひたし、味噌汁の具

## スギナ

**時期**○春〜夏
**特徴**○ホウレンソウの100倍以上のカルシウムを含むという。炒め物でもいいし、パスタの具、お茶にするのもいい
**食べ方**○炒め物、パスタの具、お茶

## カタバミ

**時期**○春〜夏
**特徴**○ハート型の葉が特徴。葉は酸味があり酸っぱい。多くは食べられないので、サラダやパスタに入れてアクセントに
**食べ方**○サラダ、パスタのアクセントに

## オオバコ

**時期**○春〜夏
**特徴**○あぜ道などにたくさん生えている。葉や茎を素揚げや天ぷらに。クッキーを焼くときに種を混ぜ込むというのもある
**食べ方**○素揚げ、天ぷら、クッキーの素材

## クズ

**時期**○春〜夏
**特徴**○漢字で書くと葛。根を乾燥させたものは風邪薬の葛根湯の原材料になる。若芽は素揚げや天ぷら、若葉はおひたしに
**食べ方**○素揚げ、おひたし

# 野草を見分けるポイント

## 特徴で見分ける分類法を身につける

野草を食べるためには、まず野草を見分けられなければいけない。そのあたりの野原でも、毒草は必ず存在するものだが、それらと区別するために、しっかりと野草を見分けられるようになりたい。

そのために一番いいのは、そういうことに詳しい人と野山に出かけることなのだが、それはなかなか難しいことだろう。また、よくある話なのだが、どこかで野草を見つけ、家に帰ってきて図鑑で名前を調べようとしたときに、しっかりとその野草の姿を目に焼き付けてきたつもりでも、図鑑を前にすると似たようなものばかりで、結局どれが自分が見たものなのかわからないということがある。

そこで私が野草の見分け方としておすすめするのが、特徴で見分ける分類法である。

これがどういうものかというと、まずは野草図鑑を入手する。そのときは写真のものではなく、イラストのもの。そして、群生している図ばかりのものではなく、ひと株の花や葉の形、生え方がクリアに描かれているものがいい。

そして、フィールドで名前を知りたい野草に出会ったら、左ページのような主に4つの分類の観点に分けて特徴を覚えておく。

たとえば花の形。これを外周が円形のものとそうでないもの、そして俗にいう花の形をしていないもののどれにあてはまるかを覚える。そして、同じように枝分かれのパターン、葉の形も覚えておく。また、茎に毛が生えている、トゲがあるといった特徴があったらそれも覚える。

そして後でその観点を基に図鑑に照らしあわせ、見た野草を判別するのである。そうすると、間違いが少なくて済むのだ。

# 植物の分類方法

※以下で紹介する特徴にも例外あり。安全な野草かどうかの最終判断は、あくまで専門の野草図鑑などを手がかりに、自己責任で行ってほしい

## 1. 花のタイプ

**レギュラー型**

最も一般的な、円形の花。花の色と花びらの数も覚えておくといい

**イレギュラー型**

花びらの大きさが一定でなく、外周がきれいな円にならないタイプ

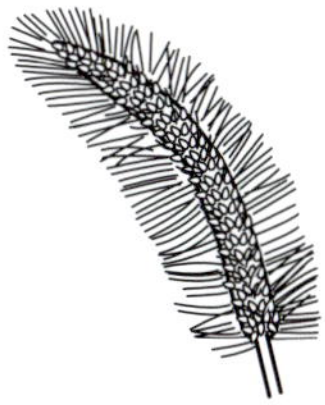

**花っぽくない花**

機能的には花でも、いわゆる花の形でないもの。ネコじゃらしなど

## 2. 枝分かれのパターン

**対生型**

茎から対になって枝分かれしている。人が両腕を広げているようだ

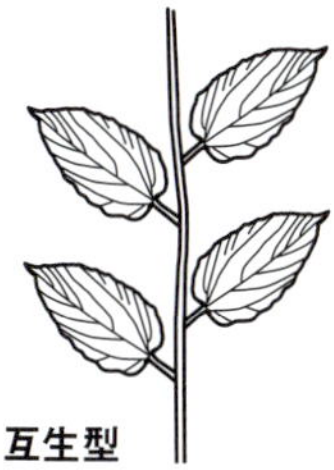

**互生型**

対ではなく、互い違いに1本ずつずれて枝分かれしているタイプ

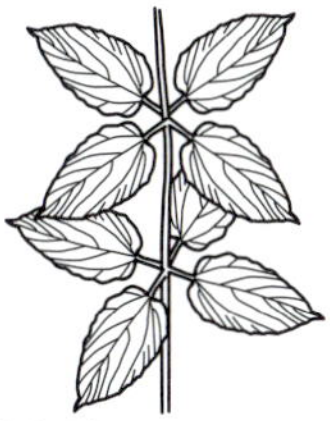

**輪生型**

茎の1か所から、車輪のようにいくつも枝や葉が出ているタイプ

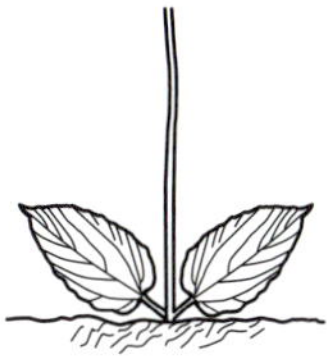

**根上型**

根本の部分からのみ葉が生えていて、茎の地上部からは葉が出ていない

## 3. 葉の形

**全葉型**

普通の葉っぱをこう呼ぶ。ちなみに、どれも呼び名を覚える必要はない

**ギザギザ型**

普通とは少し違い、葉の縁にギザギザが付いていて尖っているタイプ

**手のひら型**

ギザギザどころか、1枚の葉に大きく亀裂が入っている。例えばモミジ

**混雑型**

複数の小さめの葉が、1枚の葉の役割を果たしている葉を、私はこう呼ぶ

CHAPTER 7
自然が教えてくれること
Harmony with nature

# 五感を使い、第六感を養う

## 自然と向き合う心構え

　現代生活では、蛇口をひねれば水が出るし、コンビニに行けば食べ物が手に入る。生きるのに必要な最低限のものを手に入れることは、さほど難しいことではない。

　一方、自然に暮らす野生動物は、水場の匂いを嗅ぎ分け、獲物のかすかな物音を聞き取り、天候の変化をいち早く感じ取って生き延びている。五感をフルに使って情報を集めないといけないので、彼らの感覚は我々よりはるかに優れているはずだ。

　現代社会にも情報は溢れているのだが、そのほとんどは知識として頭に入ってくるものであり、そうした情報のみを頼りにしていると、人間が本来もっている感じる力が鈍くなり兼ねない。人間の五感をもっと活用し豊かにするためにも、ときには外に出て、風の冷たさや暖かさを感じたり、生き物が出す音を聞いたりすることが大切だと私は思っている。

　きっと、それもブッシュクラフトの魅力であろう。野外で感じられる、自然が醸し出す温度や音、色などの多彩な変化が、脳の違う部分を刺激する気がして、第六感というと大げさだが、自然の一部としての人間らしさが育まれるように感じるのだ。

　もちろん、そうして感じるものの中には、暑いとか寒いとか、濡れて気持ち悪いとか、不快な感覚も含まれる。だが、それは本来生き物にとって生きるという行為に向かう原動力である。冷たいからこそ、温かくしようと思うし、不快だからこそ、なんとかしなくてはと思い、行動するのである。

　寒さを火を焚いて凌いだり、喉の乾きを水を手に入れて潤したり、そういう行動は、私に根本的な生きる喜びを与えてくれるのだ。

自然の中で生きるために
過ごしていると、人間の
五感が刺激される。それ
は現代の人間にこそ必要
なことではないだろうか

# ワイドアングル・ビジョンを持つ

## 目の力を抜いて、母なる地球を見る

自分の感覚を豊かにするために、まずは「自然の恵みだけで生きよう」となるべく強く思い込んでみよう。すると、全てのものが自分の命と関係を持ち始める。

これまで雑草と呼んでいたものをみて「食べられるのだろうか」と思うかもしれないし、避けて歩いていた水たまりをみて「この水飲めるだろうか」と思うかもしれないし、落ちていた丸太を見て「今夜の寝床作りに使えないだろうか」と思うかもしれない。周囲にあるすべてのものが、意味を持っていることに気づくのである。

すると、五感がすべての方向に働き始める気がするのだ。遠くの流れの音を聞こうと耳を澄まし、飲めるかもしれない水の色を見て、匂いを嗅ぎ、少し舐めてみる。そして、寒くなれば肌の感覚を頼りに風が当たらない場所を探す。そんな感覚の使い方を自分から好んでし始める。すると、自然との距離がどんどん近くなっていく。

もっと自然を感じるための、ワイドアングルビジョンというエクササイズも紹介しておこう。

方法は、目線を地平線、もしくはそれと同じくらいの高さにして、リラックスする。そして、普段のようにある一点に焦点を定めるのではなく、眼の力を抜き、自分の持っている視界全体を広く一度に見るようにしてリラックスする。あれは木だとか鳥だとか何かを認識する必要もなく、ただ視界に入る奥行きとか動きの原始的な情報だけを眺めればよい。

この見方をすると、焦点を合わせたり、認識したりすることで疲れてしまった脳が休まる気がする。ぼーっと景色を眺めたり、焚き火を前に座っているときなどに、ぜひ試してみてほしい。

リラックスして自然を眺めるワイドアングルビジョンという方法をぜひ試してほしい。自然との距離が近くなるはずだ

# 原始のナビゲーション・テクニック

## 森を歩くために知っておきたいこと

　コンパスなどの道具を使わずとも、思っている方向へと進むために、原始的なナビゲーション技術も参考にしてみよう。

　まずは、太陽の位置を利用する方法だ。時計の短針を太陽に向けると文字盤の12時とその短針中間が南になるというのは有名だ。それから、太陽は朝6時にだいたい真東、そして昼にだいたい真南、夕方6時にだいたい西にある。なので、時間と太陽の位置さえわかっていれば、大体の方角というのは認識できるものである。

　水を汲みに行くなど移動時間が短いときなら、自分が太陽の光をどう浴びているかというのを覚えておけばいい。例えば、行きは自分の左のほっぺに太陽を感じていたなら、帰りは当然右のほっぺに当たるようにすれば、大まかに来た方向に戻ることができる。

　次に、真っすぐ歩く方法だ。真っ直ぐに歩くくらい誰でもできると思うかもしれないが、実は、人は何も指標がない状態では、意外に真っすぐ歩けない。

　なぜなら、たいてい人の歩幅は右足と左足で違うものだからだ。大きいと5㎝以上差がある人もいる。それで例えば右足の歩幅が広い人が何の指標もなく歩いていると、知らないうちに左に曲がっていってしまう事も珍しくない。

　そこで、知っておきたいのが、自分と進みたい方向を結ぶ直線上に、目印を3つ設ける方法だ。例えば、進みたい方向に木が1本あったとしてら、自分とその木を結ぶ直線を伸ばした先に、あとふたつ目印を決め、その三つがズレないように歩くようにする。そうすれば、真っすぐ進める。ひとつ目の目印にたどり着いたら、また新たな目印を決めてやればいい。

太陽が出てさえいれば、だいたいの方角はわかる。森の中を歩くときには、常にどちらに太陽があるかを感じ取っていよ

# トラッキング

## 動物たちの痕跡を追う

　トラッキングは元々は狩りに使われていた技術だが、狩りをしなくても楽しめる遊びだ。といっても、地面に付いた足跡を見て、なんの動物なのかを見極め、進んだ方向を推測するくらいではあまりおもしろくはない。その動物がなぜそこにいて、何をしていて、どこに向かっていて、いまどこにいて、何を感じているのか。それらを目の前の痕跡から割り出して、ストーリーを作りあげるというのが、トラッキングの醍醐味だ。

　例えば、体調1.5mくらいのオスのイノシシが快適に歩いている。どうやら寝床から餌場に向かう途中のようだ。おそらく、このあたりには何も気になるものがなく、ただ歩いているだけである。しかし、その途中で急に歩くスピードを落とした。それはなぜなのか、まわりの状況を観察してみると、その先に道があった。ということは、人の気配を感じたのだろうか、というストーリーを考えてみる。

　もちろん、それらはすべて憶測にすぎないわけだが、彼らの気持ちになってトラッキングを楽しむと、自然の動きが豊かに感じられるようになる。なぜなら、野生動物は自然状況を実にきめ細かく感じ取って、動きを変えるからだ。彼らの動きを感じるということは、すなわち自然の動きを感じるということなのである。

　また、トラッキングをすることで、彼ら自然の住人は本当にここにいて、生活の中でさまざまなストーリーを展開しているんだと肌で感じることができると、自然や動物の暮らしを尊重する気持ちが生まれるものだ。だから、人が動物と上手に共存するためにも、トラッキングは必要な遊びなのではないかと思う。

雪の上にのこされた動物の足跡。こうした痕跡から、その動物がなんのためにそこにいて、何をしようとしているのかを想像する。すると、彼らの暮らしにも我々と同じようにストーリーがあることに気づく

野生動物の動きは、天気や気温など自然の状況で大きく変わる。大切なのは、その動物に同調すること。自分がその動物になったつもりでイメージを膨らませることだ

# 身を守るためにすべきこと

## フィールドにある危険

　自分がいくフィールドにどんな危険が潜んでいるかは、しっかりと把握しておかなければならない。まずは、思いつく危険をリストアップするようにしよう。

　一番怖いのは、その危険をリストアップできないことだ。リストアップできなければ、対策を講じることはできない。リスクが具体化されるからこそ、対策も具体化できるのである。

　危険にもいろいろあるが、ひとつずつ考えていこう。まずは天災。これはどこにいくにしても想定しなければならない危険で、大雨や雷、強風、土砂崩れ、洪水などさまざまな状況が考えられる。

　また、野生動物や虫が我々に危険をもたらすこともある。彼らとは、遭遇しないというのが一番の安全策だが、もしものときのために、噛まれたときや刺されたときの応急処置も知っておきたい。

　そして、ケガ。歩いていて足をくじくかもしれないし、落石で頭を打つかもしれない。そして、ナイフやナタで大ケガをしてしまう可能性もある。

　この3種の危険については対応策をしっかり調べておくべきだ。どれに関しても、インターネットで山のような情報が手に入る。

　ただし、大切なのは、バラバラになっている有益な情報を、自分でまとめて1枚の紙に書き起こすという作業をすることだ。例えば、雷についてなら、雷はどんなときにどのように発生するのか、そして雷が近づいてきたらどう行動すればいいのか、どんなところに落ちるのか、といったことを、すべて1枚の紙にまとめておく。そうすることで、後で見やすくなるのはもちろんだが、知識として吸収しやすくなるのである。

**クマ**

基本的に警戒心が強い。熊鈴などでこちらの存在を知らせておきたい

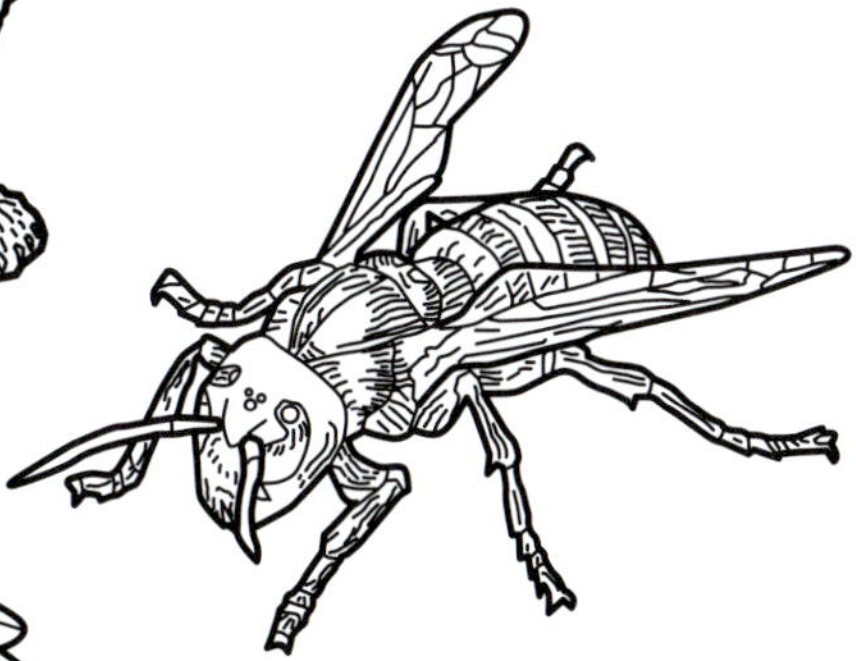

**スズメバチ**

刺されると、命の危険もある。巣には絶対近づかないこと

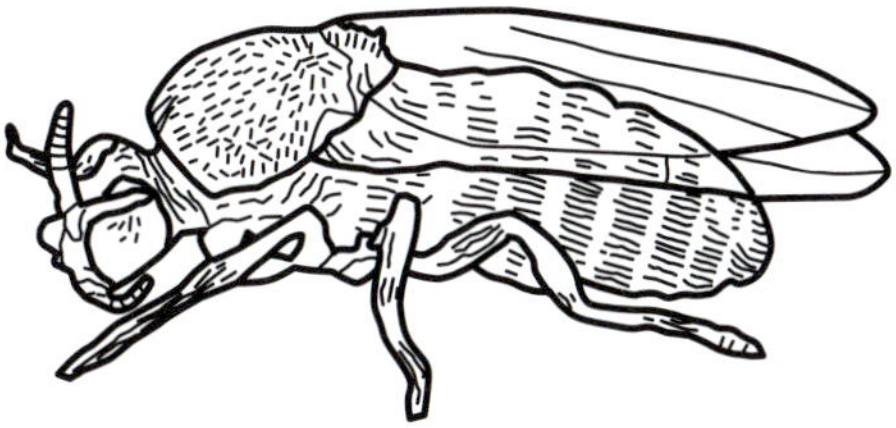

**ブヨ**

命には影響ないが、刺されたときの痒さは耐え難い。ブユともいう

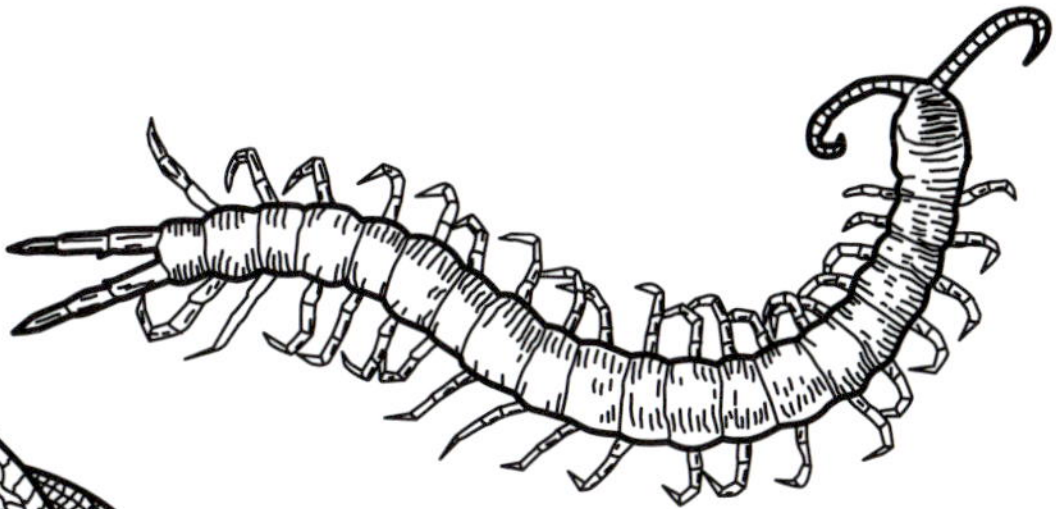

**ムカデ**

噛まれると幹部が腫れて激しく痛む。見つけても素手では触らない

**マムシ**

銭形模様と三角形の頭が目印。薮や岩陰に潜んでいることが多い

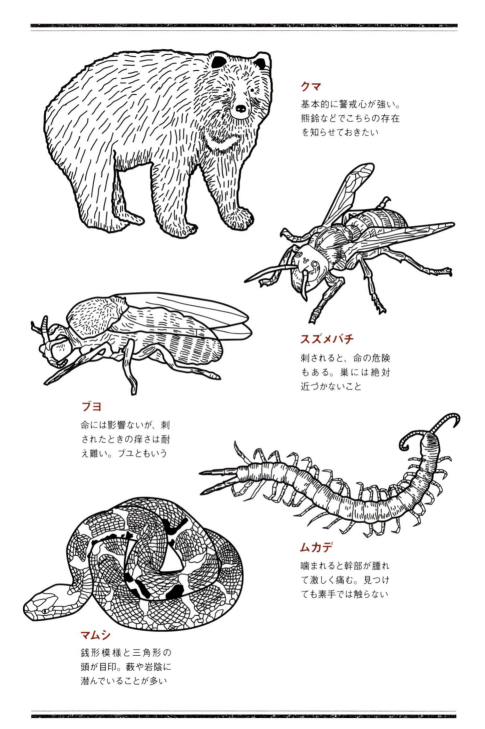

# ケガをしないために

## 鳥の声が聞こえているか

　ケガを防ぐ方法としては2通りある。ひとつは装備を頑丈にすること。底が厚いブーツを履くとか、ナイフを持つ反対の手にはグローブをするとか、そういったことだ。これは、一般的な考え方に基づく危機管理術だろう。

　そしてもうひとつ、おすすめするのは、もっと原始的な危機管理術で、考えるスピードを緩め、ゆっくりと行動するという方法だ。

　私は、森をよく裸足で歩く。裸足で普段と同じスピードで動いたら、当然ケガをしてしまう。だが、次の足を置く場所をゆっくり見てみる。そして、歩幅も3分の1くらいに狭くしてみる。ゆっくりそっと足を置くようにして、丁寧に歩いてみる。すると、いろいろなことが足裏から伝わってくる。

　例えば湿気。空気からも湿気は感じ取れるが、足の裏というのはさらに敏感に湿気の多い少ないを感じ取ってくれる。もし、湿気が多いところにどんな危険な生き物が生息しているかを知っていれば、足裏が湿気を感じ取ったときに、危険察知アンテナをいち早く働かせることができるのである。

　装備を固めると、ある意味危険を察知するアンテナは弱くなるのかもしれない。時間があれば、ぜひ原始的な危険察知アンテナを働かせてみてほしい。

　また、私がよく目安にするのが、鳥の声が聞こえているかどうかだ。作業中、周囲の鳥の声が聞こえている状態のときは、リラックスできて全方位に注意力が働いている状態なのか、不思議とケガやミスが起きにくい。反対に、何も聞こえなくなっているときにはミスが起きやすいのだ。そのときは、一度ナイフを置いて作業を中断するようにしている。

森の中を裸足で歩くと、実に多くの情報を足裏から得ることができる。危険を察知する能力もこのほうが高まると思う

# ファーストエイドキットを持つ

## 素早く出せるようまとめておく

どれだけ気をつけていても、ケガをする可能性はある。もしものときのことを考え、ファーストエイドキットを持つべきだ。といっても、私の場合、内容はそれほど大したものではない。もしこれで対処できないような場合は、早急に病院に行くようにする。こんな事ができるのも、やはり車が停められる場所の近くでブッシュクラフトを楽しむ利点だ。

キットの内容は、おおよそ左のページにある通り。これらをウエストバッグにまとめている。

まず、切り傷や擦り傷の洗浄、消毒用として、エタノールを浸透させた酒精綿、オキシドール、エタノール、脱脂綿を入れている。

そして傷口からの出血を止めるための傷当てガーゼ。これは、傷口に強く押し当てて止血する、直接圧迫法を行うときに使用する。

また、小さなキズ用として、絆創膏も用意している。チューブに入っているエキバンというのは、切りキズに塗りこんで傷口をガードする液体絆創膏である。

また、黄色いケースに入った注射器のようなものは、ポイズンリムーバーだ。虫に刺されたときや毒蛇に噛まれたとき、この道具によって毒を吸い出すことで、症状を軽くすることができる。これは必ず用意しておくべき道具だ。

それから、私はエキナセアのハーブエキスや自作薬草軟膏も持ち歩いている。エキナセアというのは、北米の先住民が古くから用いていたハーブで、抗菌、紅炎、殺菌、抗ウィルス、免疫強化作用があるとされている。これは傷や火傷に塗るのだが、先住民の人たちは毒蛇に噛まれたときにこのエキナセアのパウダーを傷口に擦り込んでいたのだそうだ。

下の医療品をまとめて
ウエストバッグに入れ、
車に置いている

フィールドでは、気をつけていてもケガをする可能性がある。
最低限のものでも、こうしたキットをもっていたい

# シグナリング

## 自分の存在を人に知らせる

シグナリングとは、遭難や事故に遭遇したときに、自分の存在を相手に知らせるための方法のこと。特に遠出をする場合には、シグナリングの道具を忘れずに持っていくようにするべきだ。

遭難に関しては、まず大前提として、入山前に必ず誰かにどの山にどのルートで入っていくのかということを知らせておかなければならない。そうすれば、捜索隊はそのルートを基点に自分を探してくれるので、より効率的に救助活動が行えるということになる。

そして遭難時には、近づいてくる救助側に自分の存在を知らせるシグナルを送らなくてはならないわけだ。それにも2種類ある。それはよく「見える」シグナルとよく「聞こえる」シグナルだ。

そのうち「見える」シグナルは、昼用と夜用とでも分けて考える必要がある。昼の晴天時などには、ミラーで太陽の光を反射させて相手に認識させる方法が有効である。また、のろしも効果的だろう。だが、暗くなってしまう夜になると、これらの方法は使えない。今度はライトやケミカルライトなど、光るものが必要になる。

「聞こえる」シグナルについては、昼夜を問わず使えるのだが、視覚的シグナルと比べると、自分の場所をピンポイントで伝えるのが難しい。そのため、相手の場所が認識できないときはホイッスルなどで音を出し、救助側が近くにきたらライトを使うなど、組み合わせて使う必要も出てくる。

シグナリングの道具は、どれがいいのか、というものではない。そうではなく、状況に合わせて使えるよう、性質の違うシグナルを送れる装備を複数持っておくことが重要になる。

ミラーの反射光を相手に見えるようにするには、まず片手でVの字を作り、シグナルを送りたい、例えばヘリコプターに向ける。そして、そのV字を照準のように使って反射光の角度を調整するといい

シグナリングの道具の一例。音を出す道具としてホイッスルやハンマー、光を出す道具として鏡、フラッシュライト、ケミカルライトなどがあるが、それぞれ役立つ状況が異なる。複数の手段を持つのが大切だ

# 災害時におけるブッシュクラフト・テクニック

## もしもの時に生き残るために

　ブッシュクラフトの技術を都市で災害が起きたときにどう役立てようかと思うと、ひとつ気付くことがある。それは、自然の中にはなんでもあるということだ。水も食料も何かを作る素材も、自然の中にはたくさんある。だが、都会だとどうか。当然、水でも食料でも備蓄はしてあるだろう。しかし、それがなくなってしまえば終わりだ。ことサバイバルということに関しては、都会よりも自然の中のほうがはるかに容易である。

　だから、都市型の災害を想定するのなら、水も野草も手に入らず、火も焚けない、そんな想定のもとに装備を整えなくてはならない。

　では、どんなものを備蓄しておけばいいのか。これを考えるにあたり役立つのが、本書のはじめに紹介した、シェルター、水、火、食料という、生きるための4つの要素である。

　例えば、シェルターとしてのシュラフや布団。そして2リットルのペットボトルの水が数ケース。それだけで体温が確保でき、水分もあるわけだから、数週間は生きることができる。とてもひもじくて辛いかもしれないが、命をつなぐことはできるのである。

　あとは火に相当する光と熱だ。光としてヘッドライトとバックアップのフラッシュライト、そして熱としてはカセットコンロやアウトドア用のストーブと燃料があればいい。そして、食料としては、日持ちがよく調理が簡単な災害食や、ナッツなど小さくてもハイカロリーなものが適している。

　もし、非常用の道具を持ち出せなかったとしても、命を守る4要素を思い出して行動してほしい。そうすれば、生き延びるチャンスが見えやすくなるはずだ。

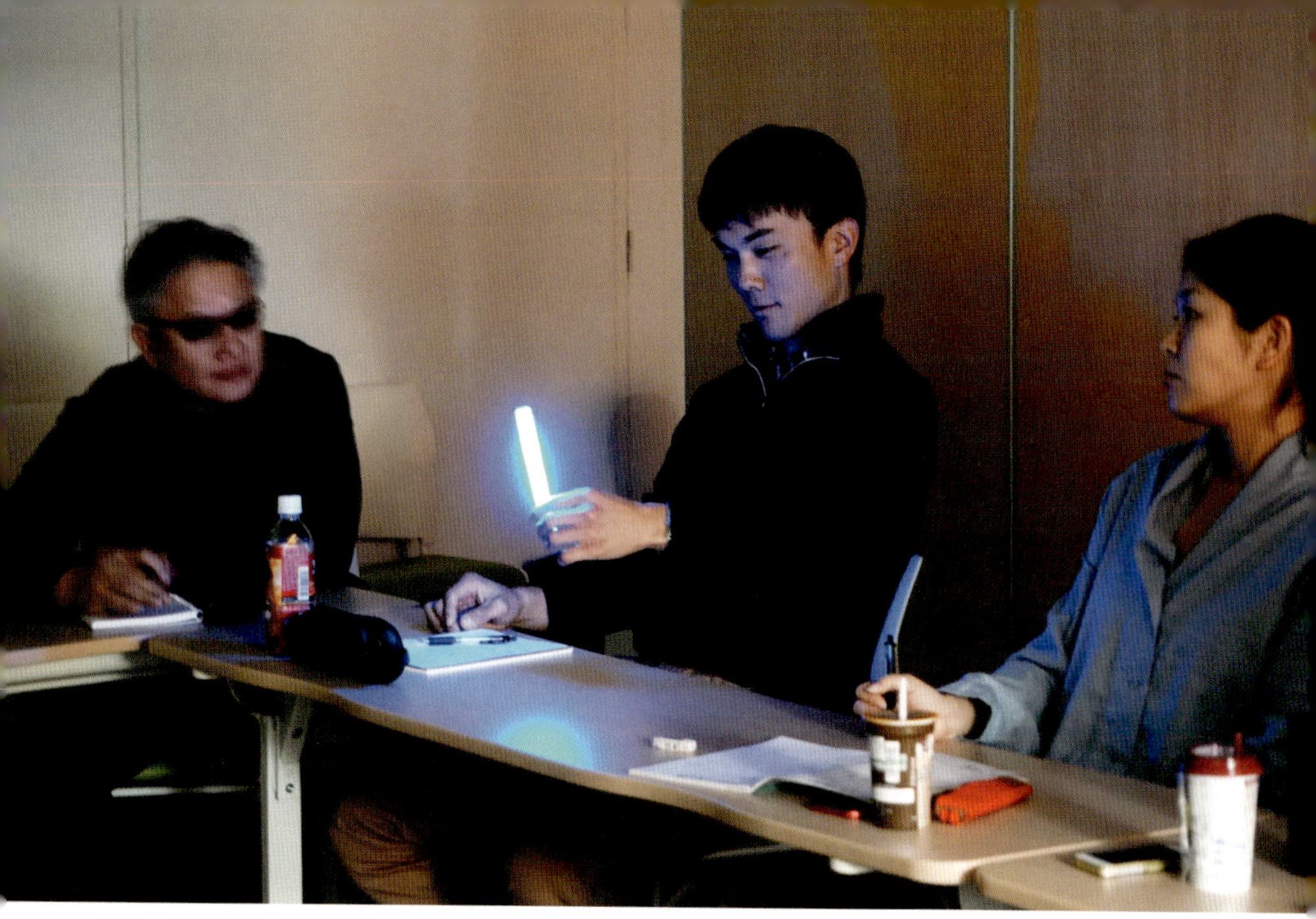

私は、災害現場で自信を持って行動できる人をひとりでも増やす目的で、一般社団法人危機管理リーダー教育協会を主催し、災害対策リーダー検定を行っている。詳しくはHP（http://cmle.jp/）を参照してほしい

コンパクトな料理用ストーブや、コンパクトに持ち運べて体温を保持するのに役立つエマージェンシーシート、お湯または水を入れるだけでできる保存食など、アウトドア用品には災害時に役立つものも多い

# ナイフさえないときは

## 石器ナイフの作り方

ナイフ一本だけで生き延びるとよくいうが、ナイフさえ持っていないときはどうすればいいのだろうか。それは古代の人に倣い、石でナイフを作ればいいのである。鉄でなくても、立派なナイフができあがる。

石のナイフというと、切れ味が期待できなさそうだが、肉を切ったり木片を削ったりといった作業をするのには十分なほどの刃を作り出すことができる。

作り方は、片手にナイフとなる素材の石を持ち、反対の手にそれを叩き割るための石を持つ。そし

いいナイフを作るには、石選びが大切。落ちている石をいろいろ試してみよう。また、作業途中で真っぷたつになってしまうということもあるので、根気よく作業を続けよう

て、素材の石の端のほうをかすめるようにして薄く叩きつける。それを繰り返して少しずつ端を薄くしていく。そして、刃意外の部分は、軽く叩き割って握りやすいように形を整える。

素材に使う石は、黒くてガラスのようにツヤツヤした黒曜石が理想である。しかし、そう簡単に見つかるものでもないので、石がたくさん落ちている河原などに行って、いろいろと試してみるといいだろう。何回か叩いてみて、薄く剥がれるように割れる石を選ぶといいだろう。

なお、石を叩きつけるときには、自分の手を打ってしまわないように気をつけること。また、破片が飛んで目に入ることもあるので、できればゴーグルを着用する。

これは私が友人からいただいた石器ナイフ。黒曜石を使って手作りしている。ここまでくると芸術品のように美しい。もちろん、切れ味も十分で、肉や魚をスパッと切ることができる

# ルールとマナー

## 知らなかったでは済まされないこともある

あまり人がこない自然の中こそ、やはり守るべきルールやマナーがある。自然の中のマナーを重んじることも、ブッシュクラフトの一部だと思う。

ブッシュクラフトを楽しむにあたり、まず困るのはキャンプをする場所だろう。もちろん、他人の敷地内に勝手に入ってキャンプをしたりするなどは言語道断だし、国定公園や国立公園内では野営指定地以外のキャンプは禁じられている。国や自治体が所有・管轄する土地は原則自由に使えることになっているが、条例等で規制されているケースもある。正直、グレーゾーンも多いと思うが、気兼ねなく楽しむためにも、土地の所有者に許可をもらって行うというのが最もいい方法だ。

焚き火に関しても、可能であることは多いが、国立公園や国定公園の特別保護地区など、禁止、もしくは許可が必要な場所もある。また、法律以前に火事の危険があるような場所で焚き火はすべきではない。法律も守るべきものだが、マナーはそれ以上に徹底して守るべきものである。

後片付けの基準は、自分の痕跡をできるだけ残さないということである。例えばゴミは持ち帰る。緊急時以外は生木を伐らない。焚き火の処理も自分の手でしっかりと温度を確かめ、P・１９０で紹介したように、そこで焚き火が行われていたことがわからぬよう処理をするなどだ。

また、ササを伐ったあとの処理等にも気をつけるようにしている。ササをナイフやナタで切ると、切り口が尖っていて危険だ。そこで、ナイフで何度も叩いて割り割くようにしたり、ナタの背で叩いて潰したりしているのである。

もし焚き火で火事が発生したりしたら多くの人に迷惑を掛けることになる。そんなことが起きないよう、焚き火を処理するときは必ず自分の手で、火傷をしないよう慎重に温度を確かめる

ササをナイフで伐ると切り口が尖ってしまい、もし誰かが踏んだりするとケガをする可能性がある。ナイフで何回も割り割いておくか、石や木などで切り口を叩き、潰しておくといいだろう

# インストラクター講座、スクール

## 活動の紹介

　一般社団法人危機管理リーダー教育協会（以下㈳ＣＭＬＥ）ではブッシュクラフトに関するベーシック講座やインストラクターの養成講座を実施している。本書で紹介したようなシェルターの設営方法、ナイフの研ぎ方、ロープワーク、様々な焚き火の形とそれぞれの利用法、焚き火を使った調理方法、ナイフ、ナタの使い方、飲水の確保、処理方法、コンパスワーク、といった技術を習得し、ブッシュクラフトのベーシックスキルの取得や指導方法を学ぶコースである。

　ここでインストラクター資格を取得した方は、㈳ＣＭＬＥ認定インストラクターとして、ＣＭＬＥジャパンブッシュクラフトスクール監修のコースを開催できるようになる。

　２０１６年５月現在、約30人のインストラクターが誕生しているが、人間の根本的な能力を引き出し、自然と同調することができるブッシュクラフトの技術は、日常生活においても災害時においてもきっと役立つものであり、もっとたくさんの方々に知って欲しい。興味がある方はホームページ(bushcraft.jp) をご覧頂きたい。

　また、私が主催するWILD AND NATIVEでは、ネイティブ・アメリカンの原始技術を基にしたワークショップを開催している。

　こちらでは、ブッシュクラフトというよりも、原始技術を通じ、自然と命の繋がりを感じることを目的としたコースをメインとし、トラッキングや薬草のことなど、専門的に学ぶプログラムも開催している。

　こちらも興味のある方は、ホームページ(wildandnative.com) を覗いてみていただきたい。

# あとがき

20年ほど前に、ネイティブアメリカンの原始技術を学びに渡米した際、ブッシュクラフトという言葉を初めて耳にした。アメリカ人の友人に意味をたずねると、少し首を傾げながら、アウトドアでのサバイバル術が趣味になった時の名称ではないかと教えてくれた。趣味は？ と聞かれた時に、「サバイバル術」と答えるよりも「ブッシュクラフト」と答えた方が自然な感じがするというのである。ただ同時に、欧米人の中にも、ブッシュクラフトという言葉を聞いた時に、何それ？ と聞いてくる人も多いだろうといっていたのが印象的だった。

その後、ブッシュクラフトという言葉を日本で聞いたのは、本当に数回だったと思う。ところがこの2，3年くらいの間に、急にこのブッシュクラフトという言葉を目にしたり、聞いたりするようになった。

原始技術や、アウトドアサバイバル術のスクールを2001年から開催していた私は、「サバイバル」という言葉が、如何に一般の人々から敬遠されているかを味わってきた。そのわりに、落ち葉や枯れ枝で宿を作ってみたり、木を擦り合わせて火をつけたりするという行為には凄く興味を示す人が多かった。きっとそういう楽しさや興味と、「サバイバル」という言葉が結びついていないのだろうと思った。

そこで近年目にするようになってきたブッシュクラフトという言葉の力を借りようと閃いた。開催しているコース、イベントに、

〜ブッシュクラフトを始めよう！〜

という名前をつけてみたのだ。ブッシュクラフトという名前自体が知られていないので、誰のアンテナにも引っかからないのではと心配もしたけれど、意外に、「何それ？」という反応があり、その言葉の響きにアンテナを引っ掛ける人が多かった。そこで副題として、

〜趣味として楽しむアウトドアサバイバル〜

という言葉を添えてみた。結果、参加者の数がものすごく増えた。それだけではなく、問い合わせや、ブッシュクラフトに凄く興味があるという言葉をかけてくれる人も多数いた。それまで自分がやっている事の楽しさを伝えるのに本当に苦労していたので、このブッシュクラフトという言葉は、私にとって救世主とも言えた。

そんな中、この本の執筆のオファーを頂いた。アウトドアサバイバル術のワークショップの開催や指導を15年ほどやって来た中で、本を出さないのかという言葉は何度も頂いたのだが、オファーを頂かなければ実現しないものだと思っていた。自費出版という手段もあるのは薄々知っていたけれども、それを詳しく調べようというほどの興味もなかったのだと思う。

今回お世話になった誠文堂新光社の方との初めての打ち合わせの際、近年ブッシュクラフトという言葉の検索数が急増しているというお話を伺った。そこでブッシュクラフトという名前の入った本をいち早く出版したいという気持ちになり、ネットで検索をかけたところ、私のサイトが引っかかったのだと教えてくれた。その引っかかったページがまさに、「ブッシュクラフトを始めよう！　趣味として楽しむアウトドアサバイバル」の紹介ページだったのだ。ネーミングにブッシュクラフトという

言葉を入れていなければ、声をかけて頂けなかったかもしれない。そういう意味でも、まさにこのブッシュクラフトという言葉は、私にとって救世主なのである。

ブッシュクラフトは、本当に趣味や遊びとして、気軽に楽しめるものである。例えば、自然の中で一晩過ごすことに抵抗があるのであれば、焚き火をして、お茶でも飲んで帰ってくればいいと思う。近くの公園で、タープとロープを使ってシェルターを作ってみてもいいと思う。自宅でナイフを使ってスプーンなどを作るのだってブッシュクラフトだ。自然がすべてのものを包括してしまうような懐の深さを持っているのと同じで、ブッシュクラフトという言葉も本当に自由な定義があっていいのだと思う。

そんな素晴らしい魔法の言葉である「ブッシュクラフト」。その言葉が入った本を執筆できた事は本当に嬉しいことであるし、これからもブッシュクラフトという言葉が、さらにメジャーになっていって欲しいという気持ちがますます大きくなった。この本がその小さなきっかけにでもなれば、それほど嬉しいことはない。

最後にこの本の出版に関わってくださった皆さん、協力してくださった皆さん一人ひとりに、心から感謝の気持ちを表したいと思う。

川口拓

## 川口 拓（かわぐち　たく）

1971年埼玉県生まれ。1990年代よりカナダやアメリカを何度も訪れ、雪山登山、ロッククライミング、カヌー、カヤック、野外救急法、野外教育法、ネイティブアメリカンの古来の教え、大地と共に生きるサバイバル技術などを学ぶ。2001 年より 自然学校「WILD AND NATIVE 」を主催し、地球とのつながりを感じる自然体験プログラムを実施している。2013 年、一般社団法人「危機管理リーダー教育協会」を設立。現在も自分で学びながら、ネイティブアメリカンの大地と共に生きる術、哲学、アウェアネス（原始の感覚の使い方）、サバイバル技術などを、一般人から現役自衛官、警察官に至るまで、幅広く共有している。テレビ、雑誌などメディアへの企画協力や出演も多数。CMLE災害対策インストラクター養成トレーナー、CMLEブッシュクラフトインストラクタートレーナー、自衛隊危機管理教官、自衛隊サバイバル教官

サバイバル技術《ぎじゅつ》で楽《たの》しむ新《あたら》しいキャンプスタイル

# ブッシュクラフト
# ―大人《おとな》の野《の》遊《あそ》びマニュアル

2016年6月13日 発 行 NDC786

著 者 川口《かわぐち》 拓《たく》
発行者 小川雄一
発行所 株式会社 誠文堂新光社
〒113-0033 東京都文京区本郷3-3-11
(編集) 電話 03-5805-7761
(販売) 電話 03-5800-5780
http://www.seibundo-shinkosha.net/
印刷・製本 図書印刷株式会社



ISBN978-4-416-51688-1

編集・撮影 原 太一
装丁・デザイン 草薙伸行
(Planet Plan Design Works)
イラスト 大橋昭一
撮影協力 御前山青少年旅行村
写真協力 WILD AND NATIVE
協力 ㈱マジェスティー
㈱S&T Outcomes
㈱SKYS
北山元章